Henner Kotte **Falsche Ideale**

Henner Kotte

Falsche Ideale

Fünf wahre Verbrechen

Bild und Heimat

Von Henner Kotte liegen bei Bild und Heimat außerdem vor:

Um Kopf und Kragen. *Unbekannte Fälle aus dem Kuriositätenkabinett der Kriminalistik* (2014)

Leipziger Heimsuchung *und vier weitere Verbrechen* (Blutiger Osten, 2016)

Blutiges Erz. *Kriminalgeschichten aus dem Erzgebirge* (2016)

Stiefel für den Tod *und zwei weitere Verbrechen* (Blutiger Osten, 2017)

Ministermord unter der Augustusbrücke. *Der Tod von Gustav Neuring in Dresden* (2017)

Flucht über die Todeszelle *und fünf weitere Raubfälle* (Blutiger Osten, 2017)

Der Opfermord von Belmsdorf *und zwei weitere authentische Kriminalfälle aus der Oberlausitz* (Blutiger Osten, 2018)

Populäre Sächsische Irrtümer (2018)

Populäre Sächsische Hofgeschichten (März 2019)

Leipziger Mordsspuren. *Ein kriminalistischer Spaziergang* (März 2019)

ISBN 978-3-95958-206-3

1. Auflage

Umschlaggestaltung: capa
Umschlagabbildung: Chris Keller / bobsairport
Druck und Bindung: CPI Moravia Books s. r. o.

SUPERillu

In Kooperation mit der SUPERillu
www.superillu-shop.de

Inhalt

Die Heftchen des Handelns

Eine Betrachtung zu Jugendkriminalität als Thema der Kriminalliteratur im realen Sozialismus

Wir lieben der Heimat Wälder, die Berge, Ströme und Felder.
Dass rings unser Land erblühe, soll all unser Sorgen sein.

Bau auf, bau auf!
Bau auf, bau auf!
Freie Deutsche Jugend, bau auf!

Auf, Sozialisten, schließt die Reihen!
Die Trommel ruft, die Banner weh'n.

Kein Zweifel: Die DDR hatte Ideale und dazu passende politische Lieder. Dass der gesellschaftliche Fortschritt in ihrem Verständnis möglich war, dass die sozialistische Zukunft gesichert blieb, dafür musste vor allem die junge Generation gewonnen werden, dafür versuchte die Bildungspolitik, Interesse und Engagement zu wecken. So erklärte das Oberhaupt der Staatspartei, Genosse Erich Honecker, immer wieder, auch im Juni 1971 auf dem VIII. Parteitag der Sozialistischen Einheitspartei Deutschlands: »Eines der edelsten Ziele und eine der größten Errungenschaften der sozialistischen Gesellschaft ist die allseitig entwickelte Persönlichkeit. Dabei handelt es sich nicht um ein Ziel, das erst in ferner Zukunft erreicht wird. Wenn wir hier von ›Persönlichkeit‹ sprechen, meinen wir eine besonders charakteristische geistige und moralische Ausprägung des menschlichen

Individuums. Von diesem sagt Marx im allgemeinen, daß ›der wirkliche geistige Reichtum des Individuums ganz von dem Reichtum seiner wirklichen Beziehungen abhängt‹. Sozialistische Persönlichkeiten entwickeln sich in ihren Arbeitskollektiven, im Ringen um höchste Ergebnisse im sozialistischen Wettbewerb, beim Lernen, im Sport und bei der Aneignung der Schätze der Kultur, bei der Teilnahme an der Leitung und Planung unserer Gesellschaft auf allen Gebieten. Nachhaltigen Einfluß übt die ideologische Arbeit auf die Entwicklung der Menschen aus.«

Und der Parteichef setzte fort: »Sozialistisches Staatsbewußtsein und internationalistische Gesinnung sind seit dem VII. Parteitag in unserem Volke weiter gewachsen. Auch künftig werden sich die neuen Charakterzüge im Widerstreit mit alten Gewohnheiten und Verhaltensweisen formen. Die Schule muß der jungen Generation in einem wissenschaftlichen und parteilichen Unterricht hohe Allgemeinbildung vermitteln und eine hohe Wirksamkeit der sozialistischen Erziehung erreichen. Sie soll die Jugend auf das Leben und die Arbeit in der sozialistischen Gesellschaft vorbereiten und ihrer Verantwortung für die Vorbereitung eines hochqualifizierten (Facharbeiter-)Nachwuchses noch besser gerecht werden. Dabei kommt dem polytechnischen Unterricht, der Verbindung von Unterricht und produktiver Arbeit, große Bedeutung zu. Unsere Schule wird auch weiterhin als allgemeinbildende polytechnische Oberschule entwickelt werden. Auf der Grundlage soliden Wissens und Könnens gilt es, alle schöpferischen Kräfte und Fähigkeiten zu entwickeln, der Jugend hohe sittlich-moralische und ästhetisch-kulturelle Werte zu vermitteln und sie im Geiste der sozialistischen Weltanschauung zu erziehen. Zusammen mit den Eltern, der sozialistischen Kinder- und Jugendorganisation, gestützt auf alle gesellschaftlichen Kräfte, erzieht unsere Oberschule die jungen Menschen zu bewußten sozialistischen Staatsbürgern mit hohen Kenntnissen, die den

Ideen des Sozialismus treu ergeben sind, die fühlen und handeln als Patrioten und Internationalisten, sich durch eine sozialistische Arbeitseinstellung auszeichnen und aktiv an der Gestaltung des sozialistischen Lebens mitwirken.«

Die erste Frau im Staate, Volksbildungsministerin Margot Honecker, sekundierte ihrem Parteivorsitzenden und Ehemann und führte zu den »Gegenwartsaufgaben unserer Schule« aus: »Wenn wir also davon sprechen, daß die Hauptaufgabe unserer Politik darin besteht, das materielle und kulturelle Lebensniveau des werktätigen Volkes weiter zu erhöhen, so geht es letztendlich darum, im Sinne der Ideale der Arbeiterklasse, des humanistischen Wesens unserer sozialistischen Gesellschaftsordnung die materiellen und geistigen Bedingungen für die allseitige Entwicklung des Menschen, für den weiteren Fortschritt unserer ganzen sozialistischen Gesellschaft zu schaffen. Stets hat sich unsere Partei in ihrer praktischen Politik davon leiten lassen, daß der Sozialismus zugleich mit der sozialistischen Befreiung auch die geistige Befreiung des Menschen, die Entfaltung aller seiner schöpferischen Kräfte, die allseitige Entwicklung sozialistischer Persönlichkeiten zum Ziele hat.

Die allseitige Entwicklung des Menschen ist Ziel und Inhalt unserer marxistischen-leninistischen Pädagogik. Es ist die Gegenwartsaufgabe unserer Schule, die Grundlagen für die allseitige Entwicklung der Persönlichkeit zu schaffen, die Jugend im Geiste unserer sozialistischen Weltanschauung zu erziehen, Menschen mit einer hohen wissenschaftlichen Bildung und einem entwickelten sozialistischen Bewußtsein, mit einer ausgeprägten sozialistischen Moral, mit hohen geistig-kulturellen Ansprüchen, mit einem tiefen Sinn für alles Gute und Schöne. Wir sind uns darüber im klaren, daß das alles viel von den Lehrern, von den Pädagogen verlangt.«

Doch wie so oft stand auch hier die politische Propaganda im Widerspruch zu der von den Staatsbürgern erlebten

Wirklichkeit. So sah denn auch Gerichtsreporter Rudolf Hirsch, dass »sich in unserer Gesellschaft junge Menschen zu schädlichen Dingen verleiten lassen haben. Junge Leute zwischen 18 und 25 Jahren machten sich strafbar und haben gegen die Gesetze der DDR verstoßen. Nun ist Jugendkriminalität in allen Ländern eine ernste Sache, und viele Soziologen, Kriminologen, Juristen und Ärzte haben interessante Untersuchungen angestellt und gelehrte Bücher darüber geschrieben. Es gibt Statistiken in vielen Ländern über die Häufigkeit aller Straftaten, über Alter und Geschlecht, über den Zusammenhang zwischen Intelligenzquotienten und Verbrechen. Aus all diesen Büchern habe ich gelernt: Es gibt keine exakten Parameter, die die Ursachen der Jugendkriminalität festlegen, das heißt, wenn diese oder jene Bedingungen zusammenfallen, dann muß ein Jugendlicher kriminell werden. Es gibt begünstigende Umstände für Jugendkriminalität. Darin sind sich viele, eigentlich alle Forscher einig. Das ist die hemmungslose Gier nach Geld und Besitz. Eine Gesellschaftsordnung, in der der Wert eines Menschen danach geschätzt wird, wieviel Geld er hat, wieviel er verdient und welche Reichtümer er sein eigen nennt, eine solche Gesellschaft ist ein Treibhausklima für Diebstahl, Betrug, Kidnapping und Erpressung.« Und der parteiische Gerichtsberichterstatter meint »damit die kapitalistische Denk- und Lebensweise und die Wertebegriffe, die ihr eigen sind. Natürlich weiß ich auch, daß nicht alle Jugendlichen, die in kapitalistischer Gesellschaftsordnung aufwachsen, kriminell werden, so einfach ist das nicht.«

In der Tat: So einfach ließen sich die Begründungen für die DDR-Jugendkriminalität nicht fassen. Trotz hehrer Ziele, trotz aller sozialistischen Bildung, trotz gesellschaftlicher Maßnahmen und Sanktionen aufgrund gesellschaftsschädigenden Verhaltens, trotz drohendem Gerichtsprozess, Bestrafung und jahrelanger Haft – die junge Generation wurde auch in der DDR straffällig. Kriminalromane und -erzählungen, Filme des »Polizeiruf 110« und Fernsehfolgen von »Der Staatsanwalt hat das Wort« widmeten sich erstaunlich oft und schon sehr früh der Spezies »Jugendkriminalität«.

Zunächst suchte man, ideologisch gewollt und gefördert, die Ursachen und die Schuld für Straftaten junger Menschen nicht im eigenen bildungspolitischen Versagen, sondern schob Vorbild und Handlungsinitiative ganz einfach auf die Erziehung im Nazistaat und auf den Klassenfeind im Westen mit seinen falschen Idealen. Mehr noch als die bundesdeutschen Medien galt die Flut der Heftromane als moralisch verwerflich, gar als inhuman, vor allem aber, glaubte man, hinterließ sie Spuren in den jungen Köpfen.

Als markantes und oft zitiertes negatives Beispiel jugendlicher Gewalt galt den Medien Ost der Fall des Werner Gladow: Ein junger Mann von siebzehn Jahren sah sich als »Al Capone von Berlin« und scharte 1949 knapp hundert Mannen um sich. Die raubten, stahlen und schossen. Sie benahmen sich ganz wie die Helden der unzähligen Groschenhefte, die aus den Westzonen in die Sowjetische Besatzungszone (SBZ) hinüberschwappten. Das ging nicht gut, und Gladows »Kartell der Weißen Krawatten« warf man im Sensationsprozess zwei ausgeführte Morde vor, außerdem fünfzehn Mordversuche, massenweise bewaffnete Überfälle, Straßenraub, Diebstahl und einundzwanzig Entwaffnungen von DDR-Beamten. Das bittere Ende: »Am Morgen des 11. November 1950 schnallten die Beamten den Gangsterboss in Frankfurt an der Oder auf ein bewegliches Holzbrett. Sie schoben das Brett nach vorne, bis Gladows Genick unter der mächtigen Klinge lag. Um 6.05 Uhr fiel das Beil.«

Schnell kamen »die wahren Kriminalberichte« über die Bande und ihre Untaten in den sozialistischen Post- und Zeitungsvertrieb. So schrieb am 11. November 1950 der *Nacht-Express*: »Die Vollstreckung dieses Todesurteils mag für jene Elemente eine Warnung sein, die aus Berlin ein Chikago machen wollen und ihre aus amerikanischer Schundliteratur erlernten Gangstermanieren gegen die Bevölkerung und die Volkspolizei in Anwendung zu bringen gedenken.« In der Folge hat der Fall auch Literatur geschrieben – Erich Loest: *Die Westmark fällt weiter* (1952), Thomas Brasch: *Engel aus Eisen* (1981), Klaus Schlesinger: *Die Sache mit Randow* (1996), Wolfgang Mittmann: *Gladow-Bande. Die Revolverhelden von Berlin* (2003). Bis heute also »wuchert der Mythos der Gladow-Bande unverdrossen weiter«.

Ein Mann geht die Straße entlang. Er ist jung, die Straße dehnt sich lang, naß und dunkel. Der Mann kommt aus dem Kino. Obwohl er zu allem anderen mehr Lust verspürt als jetzt nach Hause zu gehen … »Kokain.« Ein sympathischer amerikanischer Kriminalpolizist, ein Gangster, der sich unwahrscheinlich bessert. Zusammenprall zwischen Auto und startendem Flugzeug. Schüsse, Kinnhaken, drei Tote. Das Gute siegt. Nicht ganz motiviert, aber darauf kommt es dem jungen Mann nicht an, wie es ihm auch nichts bedeutet, daß das Gute die Oberhand gewinnt. Wichtiger ist ihm der Sarg, in dem das Kokain über die Grenze geschmuggelt wird, wichtig die Methode, mit der die Gangster einen neuen Mann »prüfen«, ob er nicht von der Polizei ist; sie schlagen ihn nämlich einfach zusammen. Begeisternder der harte, schlaksige Ton, in dem die Männer sprechen. »Der Sarg scheint für einen Größeren bestimmt zu sein. Für einen in Ihrer Größe etwa.«
Nach den Akten der amerikanischen Kriminalpolizei, verhieß der Vorspann zu diesem Film. – Wird nicht ganz genau so gewesen sein, denkt der junge Mann. Aber gut gemacht, verteufelt spannend gemacht. Er denkt im Ton, in dem die Gangster und Polizisten im Film sprechen. Aber er ist sich dessen nicht ganz bewußt. Er bleibt manchmal stehen und blickt sich um, ob nicht irgendwo etwas geschieht. Aber es geschieht nichts auf dieser Straße …

Erich Loest: *Die Westmark fällt weiter*

Und diese sozialistische Propaganda zeigte spürbar Wirkung, auch bei den ideologisch fehlgeleiteten Tätern. Ob angeraten oder ehrlich, oft sahen die angeklagten Jugendlichen die Inspiration für ihre Taten in bundesdeutschen Kriminalromanen und -filmen. Vielleicht hofften sie, auf diese Weise Strafmilderung zu erhalten, und sprachen aus, was Staatsanwälte und Richter gern hören wollten: »In dieser Zeit befand ich mich in einer schlechten Umgebung, das heißt, daß die männlichen Bekannten bzw. Freunde mehr oder weniger kriminell veranlagt waren. Dazu kam, daß ich Schundliteratur, wie z. B. John Kling, Bill Jenkins, Tom Prox, las. Auch sah ich mir amerikanische Filme an. In diesen Filmen wie auch Büchern wurden Personen erschossen oder erschlagen«, begründete der Angeklagte Pit Jänisch im Mordprozess, Dresden, 1955, seinen brutalen Raubmord. Er wollte mit seiner Freundin Nonka Honnert und dem geklauten Geld in den Westen und dort ein flottes Leben führen. Alsbald waren seine Finanzen erschöpft, und er kehrte reuig zurück, ganz so, dass er die sozialistische Propaganda für sich nutzen konnte. Die Verhandlung »gegen den Raubmörder und seine Komplicin Honnert öffnete einen erschreckenden Abgrund menschlicher Schlechtigkeit. Unwillkürlich erhebt sich dabei die Frage: Wie können zwei so junge Menschen schon derart abgebrüht und skrupellos handeln? Pit Jänisch unterlag den gefährlichen Einflüssen von Geschäftemachern, die aus der Vergiftung der Jugend Kapital schlagen. ›Jene Verfasser der Schundschwarten und jene Regisseure der Gangsterfilme, die unsichtbar hinter dieser Anklagebank stehen, sind die Schuldigen‹, erklärte der Staatsanwalt in seinem Plädoyer und beantragte für Jänisch wegen des vollendeten Mordes lebenslängliches Zuchthaus; für Honnert eine Gesamtstrafe von vier Jahren und drei Monaten Gefängnis.«

Der Inbegriff solcher »Schundschwarten« betrat 1954 mit dem Groschenroman *Ich suchte den Gangster-Chef* die öffentliche Bühne und hat sie bislang nicht verlassen: »G-man Jerry Cotton«. Die Verfasser blieben ungenannt, denn »es sollte der Eindruck großer Authentizität entstehen. Das gelang aufs Prächtigste.« Bereits die Titel verwiesen auf den zu erwartenden Inhalt: *Ich und die Bande der Halbstarken* (1957), *Wir brachen den Terror* (1958), *Ich und die Zeitungshyänen* (1959), *Ein Grabstein ist kein Kugelfang* (1962) und so weiter und so fort.

Der Revolver brüllte auf. Ich ließ mich fallen, spürte den Gluthauch der dicht über mich hinwegfauchenden Kugel. Noch im Sturz schoß ich zurück – ich hatte keine Wahl, wenn ich nicht riskieren wollte, daß er mit der nächsten Kugel das Mädchen, Phil oder mich erwischte. Ein Schlag schien seine Schulter zu treffen, die mannstoppende Wirkung des 38er Geschosses warf ihn zurück. Hart krachte er mit dem Rücken gegen den Türrahmen, sein schmales Gesicht verzerrte sich, aber er hielt seine Waffe immer noch in der Rechten. Blitzschnell ließ ich mich ein Stück in die Knie sacken, ging in die Combat-Stellung. Seine Linke umfaßte das rechte Handgelenk, der Lauf des Revolvers zitterte nicht. Ich wollte ihn nicht töten, aber ich mußte mich wehren, und er hielt den Revolver mit ausgestrecktem Arm genau in die Höhe seines Gesichts. Ich war um den Bruchteil einer Sekunde schneller.

JERRY COTTON: *Der lautlose Tod*

Hans Pfeiffer, Kriminalschriftsteller, resümierte im Jahr 1960: »Jede kapitalistische Illustrierte hat ihren Kriminal-Fortsetzungsroman, ihre handfeste Detektivstory, die alle Formen von der Reportage bis zur utopischen Konstruktion umfaßt. Die Konkurrenz zwingt die Verleger, die Sensationen immer hektischer zu steigern, um die abstumpfende Empfindung der Leser neu zu erregen. Sensationsgier führt zu Übertreibungen, die Übertreibung zur Lüge, und das Geschäft mit der Lüge macht sich bezahlt. Und außerdem hat dieses Geschäft noch eine erfreuliche Folge: Empfindung, Gefühl, Denken der Leser werden in ständiges Fieber versetzt, in glühende Rotation, die das reale Leben abfiltert und nur noch seine Krankheitsprodukte, seine Krebsgeschwüre und Eiterherde ins Bewußtsein dringen läßt. Urteilsvermögen und politische Klarsicht gehen zugrunde, die Wirklichkeit zersetzt sich in die höllische Scheinwelt sensationeller Balkenüberschriften.

Die sozialistische Presse, die dazu beiträgt, den Staatsbürger zu sozialistischem Bewußtsein, zur Einsicht in die Zusammenhänge des gesellschaftlichen Lebens und der Weltpolitik zu erziehen, kennt keine billige Sensation. Ihre Sensation ist die Wahrheit, und die Wahrheit bedarf keines künstlich aufgeputzten Gewandes.

Kriminalistische Themen hatten im ersten Jahrzehnt unseres Aufbaus keinen Eingang in die Zeitungen und Zeitschriften gefunden. Erst in den letzten Jahren haben sich Kriminalreportagen und -erzählungen ihren Platz erobert. Das ist richtig. Denn dadurch wird der Leser, der eine spannende und gleichzeitig realistische Kriminalliteratur wünscht, befriedigt und der westlichen Schundliteratur ein Damm entgegengesetzt. Mit Verordnungen und administrativen Maßnahmen allein ist die Schundliteratur nicht zu bekämpfen. Solange es keine spannende Unterhaltungsliteratur gibt, die nicht gleich die Anforderungen eines umfangreichen, künstlerisch wertvollen Romans stellt, sondern in der Form von Heftchen, Broschüren, Novellensammlungen eine Stunde Bahnfahrt, eine halbe Stunde Wartesaal ausfüllen soll, solange werden wir kein wirksames Mittel zur Bekämpfung der westlichen Schundliteratur besitzen. Mancher Schriftsteller hält es heute noch für würdelos, eine Kriminalgeschichte zu schreiben, ereifert sich aber gleichzeitig über den schlimmen Einfluß westlicher Schundliteratur. Wo ist der beliebte, als Meister bewährte und anerkannte sozialistische Schriftsteller, der diesem Bedürfnis nach spannender Kriminalliteratur Rechnung trägt und endlich einen Kriminalroman schreibt, der das Niveau besitzt, das Schillers, Stevensons, Dostojewskis Geschichten für ihre Zeit hatten?« (Aus: Hans Pfeiffer: *Die Mumie im Glassarg*. Rudolstadt 1960.)

Den »großen sozialistischen Kriminalschriftsteller« hat es nie gegeben. Aber Benno Pludras Kinder-Kultbuch *Sheriff Teddy* widmete sich bereits 1955 dem Kampf der Ideologien und den Groschenheften. Kalle »griff in sein Hemd, einmal, zweimal, dreimal, viermal, und nach jedem Mal warf er ein Heft auf den Tisch, übertrieben nachlässig und mit der Pose eines Mannes, der den Teufel nicht fürchtet, geschweige denn seinen Lehrer«. Heiner Carow verfilmte 1957 die Anpassungsprobleme des dreizehnjährigen Kalle, der die Grenze der Systeme von West nach Ost wechseln muss und damit seine Schwierigkeiten hat, wie manch Erwachsener, der hier lebte, auch. Die erste Garde ostdeutscher Schauspieler wirkte mit: Günther Simon, Helga Göring, Fred Düren, Elsa Grube-Deister. Die Kritik bemerkte lobend, dass der Film »unverfälscht und menschlich wahr« sei und den »Geist unserer Jugend« einfange.

Auch die 1958 ins Leben gerufene Reihe kurzer Kriminalerzählungen »Blaulicht« stellte sich bereits mit ihren ersten Heftchen diesem Thema. Heft Nr. 11 (1961) mit dem Titel *Die Clique*, verfasst von Siegfried Dietrich, erzählt folgende Geschichte: Den kurz vor seiner Facharbeiterprüfung stehenden Klaus Wengler treibt die Liebe zur feschen Brigitte und in ihre Clique. Die Mannen um Eddy provozieren Streit und klauen. Sie leben offensichtlich nach dem Ideal westlicher Schundromane. Von seinem Anteil an der Beute kauft sich Klaus mit schlechtem Gewissen eine rote Lederweste. Als die Polizei ihnen auf den Fersen ist, setzt sich Eddy als politischer Flüchtling nach Westberlin ab. Das ist für Klaus keine Alternative. Er stellt sich freiwillig. Brigitte zweifelt noch: »Du glaubst, daß wir hinterher so leben können wie alle anderen auch? Keiner wird uns fühlen lassen, daß wir einmal abgerutscht sind?«

Klaus versichert: »Keiner.«

Doch ganz so einfach, wie es sich das Pärchen vorstellt, wird ihre Resozialisierung nicht sein, weiß jeder Leser.

In Heft Nr. 14 (1961) rückt Autor Winfried Branoner unter dem Titel *Die rote Lederjacke* Schmuggelei in den Mittelpunkt des Geschehens: Werner Jordan ist Kohletrimmer in Ostberlin, und eine rote Lederjacke hat es ihm angetan. Der westliche Ladeninhaber Bernhard Simon überlässt sie ihm, wenn Werner ihm behilflich ist. »Ich mache Ihnen einen Vorschlag.« Der Händler verkauft Porzellan und Gerät aus der DDR, das Werner für ihn über die Sektorengrenze schmuggeln soll. Das geht schief, und der Volkpolizist meint am Ende der Geschichte: »Ich denke, Sie werden aus dem Geschehen eine Lehre für die Zukunft gezogen haben, junger Freund.« Werner bejaht dies.

Bruno Stubert ermittelte im Fall der Gladow-Bande, danach schrieb der Polizist Kriminalromane, in denen seine Erfahrungen deutliche Spuren hinterlassen haben. Mit Kollegin Käthe Muskewitz verfasste er den Roman *Zwielicht* (1955): »Eine kleine Berliner Laubenkolonie mit ihren Bewohnern steht im Mittelpunkt des Romans. Bulle, Atze und eine Anzahl anderer Jugendlicher stiften Unruhe und Aufregung, frei von allen Hemmungen versuchen sie, sich das Leben angenehm zu machen, und werden zu Verbrechern.«

Hast du »San Antonio« [»Ein Mann der Tat«, USA, 1945] *schon gesehen? Den mußt du sehen! Der ist fast so gut wie »Der große Bluff«* [USA, 1939]*! Nur Marlene fehlt – leider. Aber sonst – alles dran, kann ich dir sagen. Wie die Postkutsche da so über die Prärie prescht und dann von den maskierten Banditen umzingelt wird – fabelhaft! Das war noch ein Leben, Junge, Junge! Auf Mut kam's da an, nur richtige Männer hatten damals Chancen … Das wäre was für mich gewesen – sich wie James Stuart mit dem Colt Respekt zu verschaffen, daß die fetten Beamten alle das Zittern kriegen … ja, das wär' was!*

Käthe Muskewitz/Bruno Stubert: *Zwielicht*

Staatsanwalt Dr. Peter Przybylski kommentierte in der Sendereihe »Der Staatsanwalt hat das Wort« zu der im Film *Der Anruf kam zu spät* (1972) verhandelten Tat des 17-jährigen Peter Hausmann, der den Vater seiner Freundin bestohlen hatte: »Haste was, dann biste was. Lebensauffassungen dieser Art gehören zu den Trümpfen einer uns feindlich gesonnenen Ideologie. Jeden Tag versucht der Klassengegner, sie zu uns hereinzutragen, offen und unzweideutig, verdeckt und unterschwellig. Die meisten Eltern distanzieren sich davon, entsprechen der im Familiengesetzbuch verankerten Pflicht, ihre Kinder zu wirklich tüchtigen und lebensfrohen Menschen zu erziehen. Zu aktiven Gestaltern der sozialistischen Gesellschaft. Eine Zeitung des Springer-Konzerns behauptete kürzlich, mit dem wachsenden Wohlstand steige auch die Jugendkriminalität in der DDR. Wie so oft ist auch hier der Wunsch der Vater des Gedankens. In Wirklichkeit stagnieren die Ziffern jugendlicher Straftäter seit einigen Jahren. Wir bewerten dies mit dem Ernst, der dem Problem angemessen ist. Zugleich registrieren wir aber mit Genugtuung, daß wir den Teufelskreis des Kriminalitätsgeschehens der kapitalistischen Gesellschaft durchbrechen konnten. Jenen Teufelskreis, in dem aus den kriminellen Kindern von heute die jugendlichen Straftäter von morgen und aus diesen die Berufsverbrecher von übermorgen hervorgehen. Daß Kinder und Jugendliche ihre Eltern oder Geschwister umbringen, minderjährige Banditen wehrlose Frauen mit Rasierklingen foltern oder andere Abscheulichkeiten verüben, ist in Ländern wie den USA oder der BRD an der Tagesordnung. Die Kripo von Nordrhein-Westfalen, dem größten Land der BRD, errechnete beispielsweise, daß dort zehn- bis vierzehnjährige Kinder fast genauso oft straffällig werden wie fünfunddreißig- bis vierzigjährige Männer. Wesen und Phänomen von Straftaten Jugendlicher in der DDR sind mit denen kapitalistischer Staaten schon nicht mehr vergleichbar. Bei uns begehen ein Drittel aller jugendlichen

Täter Delikte, die eine Strafverfolgung entbehrlich machen. Der heutige Fall, meine Damen und Herren, sollte den Blick dafür schärfen helfen, warum und wodurch es in der sozialistischen Gesellschaft noch immer zum Fehlverhalten junger Menschen kommen kann.«

Autor Hasso Mager machte sich in seinem Essay *Krimi und crimen. Zur Moral der Unmoral* (1969) Gedanken und hielt »die Entwicklung des Krimis zum sozialistischen Romanwerk für nicht möglich, seine Parodie dagegen für erforderlich«. Magers abschätzige Behauptung fußte auf der Theorie, dass der Marxismus den Menschen so erziehe, dass er keine Straftaten mehr um des eigenen Vorteils willen beginge. Diese sehr kühne Schlussfolgerung konnte niemals bewiesen werden. Wenn sie überhaupt stimmte, lag sie in weiter kommunistischer Ferne und nicht im Leben in der DDR. Und dass der Klassenfeind mit seinen Groschenheften und Gangsterfilmen auf die sozialistische Jugend permanenten und schädlichen Einfluss ausübte, war spätestens seit dem Mauerbau in der DDR kaum möglich. Westliche Produktionen kamen nur spärlich und wenn gefiltert in die Kinos der DDR und in den Deutschen Fernsehfunk. Westliche Kriminal- und Kolportageromane waren im Buchhandel kaum erhältlich. So warf die sozialistische Jugendkriminalität die Theoretiker und Ideologen auf sich selbst zurück, denn die jetzt herangewachsenen Menschen hatten das klassenbewusst ausgerichtete Schulsystem, Staatsbürger- und Heimatkundeunterricht durchlaufen. Somit lagen die Ursachen der stattgehabten Verbrechen in den Defiziten der »entwickelten sozialistischen Gesellschaft« und dem Menschen selbst. Dem trugen die Schriftsteller und Drehbuchautoren Rechnung und malten Personen und Verbrechensumstände weniger schwarzweiß. Vor allem sahen sie Verantwortung auch bei den Mitmenschen und Kollegen.

Beim Film *Felix kauft ein Pferd* (1976) appellierte Staatsanwalt Peter Przybylski: »Was Felix Karsunke zum Rechtsbruch verführt, ist seine Abneigung gegen Arbeit und sein Drang, auf Kosten anderer zu leben. Der Mann, der von sich behauptet, immer durchzusehen, ist er nicht in Wahrheit mit sozialer Blindheit geschlagen? Denn er versucht, sich aus einer Pflicht herauszumogeln, aus der die sozialistische Gesellschaft niemanden entläßt. Niemanden entlassen kann. Aus der Pflicht, gesellschaftlich nützliche Tätigkeit zu leisten. Sie ist, so sagt es Artikel 24 unserer Verfassung, eine ehrenvolle Pflicht für jeden arbeitsfähigen Bürger. Auch wenn Zeitgenossen vom Schlage eines Karsunke das als Phrase empfinden, es ist ein Stück politökonomischer Gesetzmäßigkeit, denn ein Recht auf Arbeit ohne die Pflicht zur Arbeit kann es nicht geben. Auch für einen Felix Karsunke nicht. Wer wie er Scheu vor Arbeit hat, für den ist die Anklagebank oft nicht mehr weit, denn irgendwie muß auch der Asoziale seinen Lebensunterhalt bestreiten. Geschieht das auf unlautere Weise, wird die Asozialität strafbar. Es ist gut, daß Arbeitskollektive, aber auch andere Bürger gegenüber jenen immer unduldsamer werden, die zwar essen, aber nicht arbeiten wollen. Dort, wo man den Anfängen von Arbeitsbummelei wehrt, wird dem Straucheln des Betreffenden meist vorgebeugt. Im Falle des Felix Karsunke hat es leider viel zu viel Duldsamkeit gegeben. Die erzieherische Kraft der Konfliktkommission blieb ungenutzt, die Abteilung Inneres beim Rat des Kreises ausgeschaltet. Die Pflicht des Betriebes, den Rat des Kreises über die Anzeichen der kriminellen Gefährdung des Felix Karsunke zu informieren, wurde leider verletzt. Andernfalls hätte die Abteilung Inneres aufgrund der Verordnung über die ›Aufgaben der örtlichen Räte der Betriebe bei der Erziehung kriminell gefährdeter Bürger‹ vom 19. Dezember 1974 die Möglichkeit gehabt, unserem Helden bestimmte Auflagen zu erteilen. Beispielsweise den Umgang mit dem mehrfach vorbestraften Kellner Daniel in der Freizeit zu meiden.«

So folgert der Staatsanwalt, der im DDR-Fernsehen das

Wort hatte: »Es gibt auch bei uns, und darüber müssen wir uns klar sein, begünstigende Bedingungen. Nicht nur ungenügende Wachsamkeit und mangelnde Kontrolle. Es gibt auch tieferliegende Ursachen. Nehmen wir zum Beispiel die Tatsache, daß junge Menschen, die nicht die Fähigkeit haben, ihr Leben planmäßig zu gestalten, Schulabgänger der fünften, sechsten und siebenten Klasse mit schwachentwickelten intellektuellen Fähigkeiten, junge Leute, die keine Lehrstelle durchgehalten haben, als ungelernte Arbeiter im Transportwesen oft mehr verdienen als Facharbeiter oder gar als Meister. Sie haben keine sinnvolle Verwendung für das von ihnen verdiente Geld, sie fangen an zu trinken, gerade sie schließen sich an Gruppen an, sie tun sinnlose Dinge, die wir als Rowdytaten betrachten und verurteilen müssen. Durch beispielhafte Schwangerschaftsberatung, durch Vorsorge für Mutter und Kind werden jungen Müttern Wege geebnet, und doch wirft solche Fürsorge neue Probleme in der Jugenderziehung auf. Aber da gibt es auch noch andere begünstigende Ursachen für die Entwicklung von Jugendkriminalität in unserem Staat. Das ist das vielfach vorhandene Streben nach Besitz um jeden Preis. Hier sind es wieder die Eltern, die aus kleinbürgerlichem Prestigedenken oder aus einem Gefühl, das sie für Liebe halten, ihre Sprößlinge mit Geschenken überhäufen. Das schädigt einmal die Kinder selbst, die nie lernen können, was eigene Leistung bedeutet. Es kann auch andere Kinder beeinflussen, in ihnen Begierden wecken, und sie zum Stehlen verleiten.

Noch schlimmer als dieses Prestigedenken ist ein anderes Problem, das auch eine Ursache für das Fehlverhalten Jugendlicher ist. Gute Ernährung, Sport und gesunde Lebensweise tragen dazu bei, daß sich bei Jugendlichen durchschnittlich die Zeit der körperlichen und geschlechtlichen Reife immer mehr in das Kindesalter verlagert; es ist die bekannte Akzeleration. Aber der Verstand wächst nicht immer im gleichen Tempo. Aus dieser Diskrepanz erwächst die Ursache für viele Konflikte, die in einigen Fällen zur Kriminalität werden können, nicht müssen. Hier muß eine starke und konsequente Erziehung ein Gegengewicht schaffen. Sicher leicht zu postulieren, aber schwer zu schaffen.«

Viele der Erzählungen zum Thema zeigen, ob in der Sendereihe »Der Staatsanwalt hat das Wort« oder in der Filmreihe »Polizeiruf 110« oder literarisch umgesetzt, ihren pädagogischen Auftrag: *Bummel-Benno* (1966), *Ich brauch' kein Kindermädchen* (1969), *Per Anhalter* (1974), *Der Einzelgänger* (1980). Durchaus sahen die Autoren begünstigende Ursachen der Straftaten im sozialen Umfeld und der Verantwortungslosigkeit der Freunde und Verwandten: *Die Wette* (1982) der Halbstarken demütigt einen Schwachen und lässt ihn vor seiner Haustür erfrieren. Die hohen Erwartungen des Vaters vermag der Sohn nicht zu erfüllen und versucht mit einem Bankraub sein Glück, was scheitert: *Blütenstaub* (1972). *Jäckis Liebe* (1980) lässt sie stehlen. *Der Tod des Fußballspielers* (1986) ist ein Mord aus Eifersucht, von den Eltern gedeckt. *Gefährliche Freundschaft* (1982) zwingt den jungen Mario Reinhard in Bandenkriminalität und weist gleichzeitig auf Erziehungsdefizite hin. Oft stehen Vorbestrafte vor der Entscheidung: alte Kumpel oder straffrei weiterleben: *Entlassen auf Bewährung* (DEFA-Spielfilm von 1965) wird der junge Conny Schenk und sofort verdächtigt, gestohlen zu haben. Im Auftrag soll ein aus dem Jugendwerkhof Entflohener aus dem *Nachttresor* (1973) rauben. *Petra* (1982) überwindet sich und gesteht mehr als einen Autodiebstahl ihres Geliebten Michael Grandel. Früher als in der Bundesrepublik widmeten sich in der DDR Kriminalfilme und -romane den Tabuthemen Kindesmissbrauch, Vergewaltigung und ungewollte Schwangerschaft: *Busliesel* (1967), *Großfahndung* (»Drei von der K«, 1969), *Minuten zu spät* (1972), *Blutgruppe AB* (1972), *Erzwungene Liebe* (1975), *Die Brut der schönen Seele* (1977).

All das – ein Spiegelbild der gesellschaftlichen Diskussion

und dienlich im Sinne der Erziehung zur »allseitig entwickelten sozialistischen Persönlichkeit«. Denn »dem sozialistischen Kriminalroman ist Heuchelei fremd. Der sozialistische Kriminalroman schildert Verbrechen und den Kampf gegen das Verbrechen. Verbrechen und Verbrechensverfolgung sind die zwei zusammengehörenden Seiten dieser Erscheinungsform des Klassenkampfes. Ist der Verbrecher in seinem Bewußtsein rückständig, vertritt er alte oder sogar reaktionäre Auffassungen, also in letzter Instanz immer bürgerliche Interessen, so vertritt auch der Kriminalist, der Detektiv bestimmte Interessen, nämlich die der Arbeiterklasse. Diese offene Parteilichkeit für den Arbeiter-und-Bauern-Staat bestimmt das moralische Antlitz des sozialistischen Detektivs. Anstelle des abstrakten bürgerlichen Detektivs und Übermenschen tritt der mitten im Leben der Gesellschaft stehende, mit der Arbeiterklasse und dem Volke verbundene Kriminalist, der in kollektiver Zusammenarbeit mit seinen Genossen das Verbrechen bekämpft. Er bekämpft das Verbrechen nicht, weil der Verbrecher sein persönlicher Feind ist – wie Mickey Spillane –, oder weil er Gedankenakrobatik treiben möchte – wie bei Agatha Christie –, oder aus sportlichem Ehrgeiz – wie bei Edgar Wallace. Er bekämpft das Verbrechen, weil es antihuman und reaktionär ist, weil er das Leben, das Eigentum, den Frieden, die Gesundheit und das Glück des Volkes schützen helfen will. So wird aus einem Übergehirnmenschen, aus einer logischen Konstruktion ein konkreter Mensch, der im Volk, mit dem Volk lebt, der sich auch irren kann, der auch Schwächen und Leidenschaften besitzt, der aber immer wieder um den Sieg der Wahrheit und des Rechts kämpft.« (Aus: Hans Pfeiffer: *Die Mumie im Glassarg*, 1960.)

Kriminalistin Ute Claus befand: »Erwachsene beschäftigen sich zu wenig mit den Problemen von Jugendlichen, sondern vielmehr mit den Problemen, die ihnen Jugendliche machen.« Sozialistische Literatur wies immer wieder auf Mängel im eigenen Erziehungssystem hin. Mut zur Kritik hatten Autoren der Sowjetunion gemacht, die ausschließlich Wissen vermittelnde Pädagogik in Frage stellten, die die Kinder unfertig ins Leben entließ. »Die Schule zwang mich, alles zu wissen, außer einem: was mir gefällt, und was ich mag. Manches hat mir gefallen, manches nicht. Und was einem mißfällt, macht einem mehr Mühe, also heißt es, dem weniger Angenehmen mehr Kräfte widmen – sonst macht man keine Eins. Die Schule verlangt Einsen, ich hab gehorcht und ... nicht gewagt zu lieben. Nun seh ich mich um und stelle fest: ich liebe nichts. Nichts außer Papa und Mama und ... die Schule. Und die tausend Wege jetzt danach – einer ist wie der andere, für mich sind sie alle gleich. Glaubt ja nicht, ich sei glücklich. Ich habe Angst. Große Angst!«

Wladimir Tendrjakows Theaterstück *Die Nacht nach der Abschlußfeier* (1974) gab diesen Zukunftsängsten Ausdruck. Ein oft gespieltes Stück in den letzten Jahren der Breschnew-Ära und ihrer allseitigen gesellschaftlichen Stagnation. »Die guten Absichten lassen sich im Leben nur schwer durchsetzen. Dieser Prozeß ist mit viel Mühe verknüpft, und er erfordert Geduld. Oftmals ist es unumgänglich, bestimmte Strukturen unserer Gesellschaft zu verändern oder gänzlich umzubrechen, wie es beim Aufbau des Kommunismus bei uns geschieht. Die Analyse von gesellschaftlichen Vorgängen, von Beziehungen und Strukturen, die sich die Menschen selbst schaffen, ist deshalb sehr wichtig. Sich menschlich zu verhalten, hängt nicht von den einzelnen Menschen ab, sondern wird von diesen Strukturen bestimmt. Diesen Vorgang muß sozialistische Literatur den Menschen bewußtmachen. Dieses Bewußtsein ist die Voraussetzung für die Veränderung«, sagte Tendrjakow 1977.

In der DDR hatte die Schule und ihre Wissensvermittlung bereits Günter Görlichs Roman *Den Wolken ein Stück näher* (1971, verfilmt 1973) in den Blickpunkt und die Diskussion gerückt. Erik Neutschs Novelle *Zwei leere Stühle* (1979, verfilmt 1983) bewies, dass der schönredende Klassenbeste seine wahren Ansichten perfekt zu verschleiern wusste. Der Lehrer Erich Schlossarek beschrieb in seinem Roman *In Bedrängnis* (1983) und im Hörspiel *Der Tadel* (1976) das sozialistische Schulsystem und beschönigte seine Zwänge nicht.

Und wieder war es der Russe Wladimir Tendrjakow, der mit seiner Novelle *Die Abrechnung* (1979) der Pädagogik und der sozialistischen Kriminalliteratur neue Wege wies. »Der 16-jährige Schüler Kolja Korjakin hat seinen Vater erschossen, einen Säufer, der seine Frau bestialisch prügelte. Der Untersuchungsrichter ist verwirrt. Alles widerspricht seinen Erfahrungen: Als Zeugen melden sich die Verwandten und Bekannten Korjakins und erklären, sie seien die Hauptschuldigen. Am erstaunlichsten ist das Schuldbekenntnis von Koljas Lieblingslehrer. Dieser war die unumstrittene moralische Autorität in Koljas Klasse wegen seines auf sittliche Erziehung bedachten Literaturunterrichts. Er bemühte sich, das ›Vernünftige, Gute und Ewige‹ im Geiste des klassischen Humanismus zu säen. Entsetzt hört er, wie seine Lehren im schiefen Echo von Koljas Klassenkameraden dazu herhalten sollen, die Mordtat als sittlich und vernünftig zu rechtfertigen.«

Versuchen Sie sich einmal einen Kolja vorzustellen, einen Kolja Korjakin, der sich mit den Klassenkameraden über alles ausspricht, was in der Familie passiert, der keine Scham kennt und mit Verständnis rechnen kann, der kein schadenfrohes Lachen hinter seinem Rücken zu fürchten braucht. Und genau das meine ich – er war der Held eines Kriminalromans, ein allen ausweichender Einzelgänger. Wäre er nun in andere Umstände geraten, wenigstens an unserer Schule, hätte er jeden Tag Verständnis gefunden und genau gewußt, er kann auf Mitgefühl rechnen – ob ihm dann auch der Gedanke gekommen wäre, den verhaßten Vater umzubringen?

Wladimir Tendrjakow: *Die Abrechnung*

In Tendrjakows Novelle ist der Täter nicht allein schuldig, alle »Beteiligten« suchen nach ihrem eigenen Versagen und nicht nach Rechtfertigungen, die sie freisprächen. Ein vergleichbares Verfahren nutzte Inge Meyer in ihrer Erzählung *Vernehmung der Zeugen* (1983). Auch da ist der Mörder ein Schüler. In der Verfilmung von Gunther Scholz aus dem Jahr 1987 agieren: René Steinke, Christine Schorn, Henry Hübchen, Hendrik Duryn, Johanna Schall. Die Kritik: »Ein einem authentischen Kriminalfall nachgezeichneter, anspruchsvoller Kriminalfilm, der zur Auseinandersetzung zwingt.« Der Wortlaut einer Zeugin: »Nicht, daß er keine Fehler gehabt hätte. Jeder Mensch hat Fehler. Manchmal war er unbeherrscht. Er konnte schrecklich nett sein – und dann auf einmal richtig gemein. Sein Vater war da wohl schuld mit seinen Redensarten. Das ist die Vorbildwirkung. Und wenn das Vorbild nicht hinhaut?«

Auch die folgenden Kriminalgeschichten sind geschehen und geben ein erstaunlich detailgetreues Bild der gesellschaftlichen Umstände in ihrer Zeit. Tatsachen – nur die Namen wurden geändert.

Der unentrinnbare Schoß oder Vaters Ideale

Der Fall Lissy Rehdanz, Plauen 1956

Die Empfindung des Einsamseins ist schmerzlich,
wenn sie uns im Gewühl der Welt,
unerträglich jedoch,
wenn sie uns im Schoß unserer Familie überfällt.
Marie von Ebner-Eschenbach

Dr. Thaddäus Rehdanz zählt sich zur besseren Gesellschaft in Plauen. Er ist Zahnarzt und der Stadt Prominenz. Man spricht über ihn. Der Herr Doktor besitzt fachlich sehr guten Ruf und sein Leumund könnte besser nicht sein. Die Praxis im Stadtzentrum: Bänkegäßchen 2–4, nah zum e.o. plauen-Haus, Vogtland- und Stadtmuseum. Die Straße ist nur von einer Seite aus zu erreichen, Sackgasse, verkehrsberuhigt. Glücklich verheiratet, seine drei reizenden Kinder geben Anlass zu größten Hoffnungen.

Osterwoche 1956. Mittwoch, der 28. März. Mit dem Abend zieht in Rehdanz' schönes Haus das Grauen ein. Über der Idylle liegt fortan tiefer Schatten, Schrecken und Erschütterung. Eine Tragödie hatte sich ereignet. Der Vater äußert im polizeilichen Verhör, »daß er ein großes Teil der Schuld habe, daß seine Tochter eine derartige Handlung durchgeführt hat. Hinterher, immer wenn es zu spät ist, sieht man es ein, kann es dann aber nicht mehr ändern, sagte er. Er sei in der Erziehung an die einzelnen Dinge herangegangen, so daß er im Laufe der Zeit seine Tochter mißmutig machte und sie vor den Kopf stieß. Er hat ihr gegenüber viele Fehler gemacht, die er heute offen zugibt, und vor allem einsieht. Seine Tochter sei gar nicht so, daß sie in dieser Form, wie er es tat, behandelt werden mußte. Er ist eben sehr aufgeregt und nervös, und dadurch kommt es, daß er oft Worte sagt, die er hinterher gar nicht so gemeint haben wollte usw. Die Mutter führte an, daß die Lissy sehr kinderlieb sei, also Kinder furchtbar gern habe. In ihrem Beruf als Erzieherin sei sie förmlich aufgegangen. Sie habe es auch verstanden, die Kinder entsprechend zu behandeln.« Dr. Thaddäus Rehdanz, Gattin und Lissys Geschwister können es nicht fassen: Ein Kind ist tot. Lissy hat es umgebracht – Stefanie.

Oft glaubt ein Vater, sein Kind zu lieben, und liebt nur seine eigenen Ansichten, seine eigenen Erwartungen in ihm. Dann maßt er sich eine vollkommene Tyrannei über den Geist des Kindes an … er verhindert, jene Fähigkeiten zu entwickeln, die ein junges Wesen wie Schwingen stark und selbstsicher durch das Leben tragen.

Prentice Mulford

Die Erfahrungen lehren: »Alle ungünstigen Instinkte und Triebe, die der Erwachsene entfaltet, müssen in der Anlage bereits beim Kinde vorhanden sein.« So streben Wissenschaftler und Lehrpersonal seit jeher nach den Methoden der Erziehung, die das Gute im Kinde befördern und das Böse unmöglich machen. Dem eingedenk verfasste 1915 der Dresdner Jurist Erich Wulffen (1862–1936) ein »Erziehungsbuch« zu einer vorbeugenden »Kriminalpädagogik« und stellte fest: »Wir machen in unserer Erziehung so viele Fehler, daß ihre Resultate uns entsetzen müßten, wenn nicht die Natur mit ihren eigenen und selbsttätigen Erziehungswegen so vieles wieder ausgliche. Daher kommt es auch, daß das Endergebnis im großen und ganzen so leidlich ausfällt. Weshalb eignen sich so wenige Eltern zu Erziehern? Weil sie erstens selber nicht erzogen sind und zweitens keine Zeit haben, sich gelegentlich für die Erziehung ihrer Kinder zu Erziehern auszubilden. Erfolgreiche Erzieher gehen nämlich meist selber gleichzeitig diesen Bildungsweg. Wie kann man von Eltern, die den ganzen Tag auf Arbeit außer dem Hause oder aber im Haushalte beschäftigt sind, erwarten, daß sie in den kurzen Stunden, da sie ermüdet und vielfach sorgenvoll ihrer Häuslichkeit gehören, Zeit, Neigung und Fähigkeit finden, ihre Kinder angemessen zu leiten und zu bilden? Aber wir brauchen nicht bis zum Proletariat hinabzusteigen, wir können das Leben des Beamten, des Rechtsanwaltes und Arztes, des Kaufmanns betrachten, um festzustellen, daß ihnen allen, die ihre schulpflichtigen Kinder den Tag über überhaupt nicht sehen, viel zu wenig Gelegenheit zur Anleitung, Beaufsichtigung und Erziehung verbleibt. Hier liegt ein großes soziales Problem.« Und so formulierte der Staatsanwalt im Falle Lissy Rehdanz: »Die Angeklagte hatte zu Hause unter äußerst mißlichen Verhältnissen gelebt und war aus diesem Grunde ausgezogen.«

Bestimmt hättest du dieses Mädchen
ein bißchen gern haben können,
aber du gabst ihm nie eine Chance

UTE MARIA SEEMANN: *Anhalten! Fetthaarkontrolle!*
Die blonden und die violett getönten Jahre der Ute S. aus D.

Die Fernsprechmitteilung erreichte die Kriminalpolizei am 28. März 1956: »Gegen 20.25 teilt der Operativstab des VPKA Plauen, VP-Komm. Hubschmidt, mit, daß er soeben von einem gewissen Rehdanz, wohnh. in Plauen, Bänkegäßchen 2–4, die Mitteilung erhielt, daß zu ihm sofort einmal ein Angestellter der Kriminalpolizei kommen soll. Obwohl Rehdanz erst nicht sagen wollte, daß es sich um ein neugeborenes Kind handelt, welches nicht mehr am Leben ist.

Um Aufnahme der Ermittlungen wird ersucht.«

Kriminalpolizeilicher Ermittlungsbericht: »Unmittelbar nach Erhalt der Mitteilung begibt sich Unterzeichneter zu Familie Rehdanz, wobei es sich um den Zahnarzt Rehdanz handelt. Neben ihm ist noch seine Ehefrau und die 3 Kinder anwesend, welche alle in erregtem Zustand sind. Im Beisein seiner Frau und einer Tochter schildert Rehdanz, daß er soeben von seiner Tochter erfahren habe, daß sie ein Kind geboren hatte und dieses Kind nach der Geburt verbrannt hat. Im Allgemeinen schildert er noch, daß er mit seiner Tochter etwas zerfallen war und sie deshalb nicht mehr zu Hause wohnte. Er selbst wußte nicht, wo sie wohnte, und war auch nicht orientiert, wann seine Tochter zu entbinden hatte. Heute sei sie nun gekommen, um den Eltern zu beichten, was sie angestellt hatte. Hierbei haben sie zum ersten Male erfahren, daß sie ihr Kind schon geboren hat, und weiter, daß sie das Kind nach der Geburt in den Ofen gesteckt haben will. Als dies Rehdanz erfahren hatte, sagte er seiner Tochter, daß er da die Kriminalpolizei verständigen muß, was er dann auch sofort getan hat.

Der Tochter des Rehdanz wird mitgeteilt, daß sie sich fertig machen soll, da sie zur Sache eingehend in der Dienststelle gehört werden muß. Da das Dienstfahrzeug mit dem Bereitschaftsdienst der Abtl. K sofort nach dem Absetzen des Unterzeichneten am Altmarkt weitergefahren ist, muß Unterzeichneter die Zuführung mit einer Taxe durchführen.

In der Dienststelle wird die Verdächtigte zur Sache gehört, und nach eingehender Schilderung des Tatbestandes muß festgestellt werden, daß die Genannte nach der Geburt das uneheliche Kind vorsätzlich getötet hat. Es handelt sich hierbei um eine Kindestötung gemäß § 217 StGB, weshalb die Rehdanz vorläufig festgenommen wird und der U-Haftanstalt zugeführt wird. Nach Rücksprache mit dem Leiter der Abtl. K, P-Komm. Händel, ordnet dieser an, die protokollarische Vernehmung am folgenden Tag durchzuführen.«

… wie du das Leben schenktest, bringst du den Tod. Das ist die Allmacht der Mutter gegenüber ihrem kleinen Kinde, aus ihrem Antlitz strahlt allumfangende Liebe, strahlt aller Zorn mit Kälte und Tod. Sie ist der unentrinnbare Schoß.

HEINRICH ZIMMER: *Die indische Weltmutter*

»Plauen 29.3.1956

Da die Rehdanz bei der Schilderung der Tat angab, daß sie die Kindsleiche in dem Garten der Eltern vergraben hatte, wird sie zum Zwecke der genauen Bezeichnung der Grabstelle aus der Haftanstalt mitgenommen und in das Grundstück Nr. 852 geführt. Das Grundstück ist an die linke Seite des Schwimmstadions angrenzend und von der Vorderseite zugängig. Es ist mit einem defekten Drahtzaun umgeben. Die Größe des Grundstücks beträgt ca. 100 m x 50 m. An der linken Seite, nicht ganz am Gartenzaun, steht ein massives Gartenhaus. Sonst ist der Garten nur mit Büschen, Laub- und vereinzelten Nadelbäumen bewachsen. Ungefähr in der Mitte des Grundstückes steht eine einzelne Blautanne, deren untere Äste bis auf den Boden reichen. Hier wird von der Rehdanz die Stelle bezeichnet, wo sich die Kindesleiche befinden soll. Vor der Exhumierung werden vom VP-Komm. Schulte, Komm. KT, fotografische Aufnahmen gefertigt.

An der Erdoberfläche der bezeichneten Stelle ist nichts zu bemerken, wo sich das Grab befindet. Sie ist mit Tannennadeln überzogen. Nach Beginn der Ausgrabungstätigkeit kann bereits bei einer Tiefe von ca. 5 cm festgestellt werden, daß hier die Leiche in Zeitungspapier und einem buntkarierten Kopftuch eingepackt liegt. Die Leiche liegt auf dem Rücken, der Kopf zeigt in Richtung Westen. Das Erdreich sowie auch die Leiche fühlen sich sehr kühl an. Die Zeitung, welche zur Verpackung Verwendung fand, stammt vom Dienstag, den 20.3.1956.

Nachdem bereits vor der Exhumierung die Täterin zum

VPKA gebracht worden war, wird die Leiche ebenfalls nach hier gebracht, um fotografische Aufnahmen anzufertigen.«

Nach dem Auffinden des Leichnams des getöteten Kindes erfolgt die weitere »Vernehmung eines Beschuldigten

Datum:	29.3.1956
Zeit:	22.00–23.45 und 10.45–17.45
Vernehmender:	Loose
Name:	Rehdanz, Lissy, Maria, Thekla
geb.:	am 17.4.1936, Plauen
wh., letzter Aufenthalt:	Plauen, Darwinstr. 4
jetzige Tätigkeit und Arbeitsstelle:	Rat der Stadt Plauen, 8. Städtischer Kindergarten, Schminkestraße
Seit wann dort tätig:	1.7.1955
Erlernter Beruf:	Erzieherin
	keine Vermögensverhältnisse
Verdienst:	273 DM netto
Vorstrafen:	keine
Familienstand:	ledig
Vater:	Dr. Thaddäus Rehdanz
Beruf:	Zahnarzt, Plauen, Bänkegäßchen 2–4
Mutter:	Paula, geb. Zipperer
Beruf:	Hausfrau, jetzt Sprechstundenhilfe

Weitere Angaben über die persönliche und gesellschaftliche Entwicklung:

Ich bin am 17.4.36 in Plauen als 2. Kind meiner Eltern geboren. Ich habe noch einen Bruder, der 3 Jahre älter ist als ich, und noch eine Schwester, welche 4 Jahre jünger ist als ich. Bei meiner Geburt war mein Vater bereits Zahnarzt, d. h. Dentist, seinen Zahnarzt machte er vor ca. 3 Jahren. Mein Vater war damals schon selbständig, und wir hatten unsere Praxis in der

Kaiserstr. 16 in Plauen. Ich kam im Jahre 1942 in die Mosenschule in Plauen, wo ich 8 Jahre Volksschule absolvierte. Ich wurde aus der 8. Klasse entlassen. Nach meiner Volksschulzeit ging ich in die Berufsschule, die kaufmännische Berufsschule, wo ich in der Woche 2 mal Schule hatte. Zu gleicher Zeit habe ich meine praktische Zeit in dem Kinderwohnheim an der Straßberger Straße und an der Fiedlerstraße durchgeführt, da ich die Absicht hatte, Erzieherin zu werden. Nach Beendigung der 2 Jahre als Vorschülerin legte ich eine Prüfung ab, die berechtigte, an die Schule nach Pirna zu gehen.

Im September 1952 begann ich meine Ausbildung in Pirna an der Pädagogischen Fachschule, wo ich 4 Semester ablegte. Ich legte dann das Staatsexamen ab und wurde Erzieherin. Im September 1954 begann ich dann als Erzieherin in Heidenau meine Tätigkeit am städtischen Kindergarten. Dort bin ich bis Weihnachten gleichen Jahres geblieben und fuhr dann nach Hause. Ich habe dann bei meinem Vater in der Praxis gearbeitet, wo ich bis Juni 1955 war. Am 1.7.1955 begann ich dann meine Arbeit in meinem Beruf in dem genannten Kindergarten an der Schminkestraße.

Ich war bis zum Jahre 1945 nicht organisiert. Seit dem Jahre 1950 bin ich in der FDJ, außerdem bin ich in der DSF seit dem Jahre 1952, wo ich Kassiererin mache. Ich bin noch im FDGB seit 1952. Ich möchte noch erwähnen, daß ich in Plauen in der FDJ Org.leiter war.«

Erziehung besteht aus zwei Dingen: Beispiel und Liebe.
FRIEDRICH FRÖBEL

»Zur Sache:

Im Juni 1955, es war an einem Abend, gab es zwischen meinen Eltern eine Auseinandersetzung, die es bereits mehrmals gegeben hatte. Es war eine rein persönliche Sache zwischen meinen Eltern. Da sich mein Vati auch an meiner Mutti vergaß, und er sie schlug, verließ meine Mutter die Wohnung.

Mein Vater forderte meine Schwester und mich jetzt auf, meine Mutter zu suchen, und wir machten uns auch auf den Weg, da er uns gedroht hatte, daß wir nicht eher nach Hause kommen dürfen, bis wir meine Mutter gefunden haben. So liefen wir auch los und gingen zu Menschen, wo wir vermuteten, daß wir sie dort finden könnten, und zuletzt kam ich zu meiner Tante, welche in Plauen, Lessingstr. 44 wohnt. Da ich sie auch dort nicht gefunden hatte und Angst hatte, daß mich mein Vater auch schlägt oder nicht in die Wohnung läßt, blieb ich bei meiner Tante und schlief dort. Am anderen Morgen rief ich gleich zu Hause an und mußte erfahren, daß meine Mutter noch am Abend nach Hause gekommen ist, und sie bat mich, sofort nach Hause zu kommen. Ich machte mich auch auf den Weg und ging nach Hause. Auch meine Schwester war schon zu Hause, sie war auch noch am Abend nach Hause gegangen.

Zu Hause zog ich gleich meinen Kittel an und ging ins Sprechzimmer meines Vaters, dem ich um diese Zeit geholfen hatte. Als mich mein Vater erblickt hatte, sagte er zu mir, daß ich aus dem Sprechzimmer gehen soll. Ich wußte nicht, was los ist, ich habe aber das Zimmer verlassen und wartete in der Diele. Mein Vater kam dann heraus, und er forderte mich auf, zusammen mit meiner Mutter in die Wohnstube zu kommen. Dort machte er mir Vorwürfe, daß ich die ganze Nacht draußen herumgezogen wäre, und ich solle wieder dorthin gehen, wo ich die ganze Nacht gewesen bin. Er schrie mich mächtig an und ließ mich nicht zu Wort kommen, so daß ich nicht in der Lage war, ihm zu sagen, wo ich geschlafen habe. Im weiteren Verlaufe verwies er mir die Wohnung und gab mir zu verstehen, daß ich nicht mehr seine Tochter bin. Meine Mutter machte meinem Vater Vorwürfe, ob er nicht weiß, was er überhaupt tut, und er solle sich doch reiflich überlegen, ehe er solche Sachen überhaupt spricht. Mein Vater war aber nicht zugängig und stieß meine Mutter weg.«

Sie rief: mein teuerster Vater! und streckte die Arme nach ihm aus. Der Commandant wandte ihr, bei ihrem Anblick, den Rücken zu und eilte in sein Schlafgemach. Er rief, als sie ihn dahin verfolgte, hinweg!

Heinrich von Kleist: *Die Marquise von O...*

»Als ich mich dann daran machte, meine Sachen in einen Koffer zu packen, machte er mir wieder Vorwürfe, daß ich einen Koffer nahm, der mir nicht gehört, und so mußte ich meine Sachen alle nacheinander wegbringen, wobei ich also mehrmals gehen mußte.

Als ich dann gerade wieder einmal zu Hause war, um noch Sachen zu holen, kam er aus seinem Sprechzimmer heraus und schimpfte auf mich ein und fragte, wo ich meine Sachen hintrage. Ich sagte ihm, daß ich sie zu Tante Marianne Claußnitzer bringe, und da mein Vater nicht gut mit ihr steht, verbot er mir dies. Bei gleicher Gelegenheit schlug er mich so, daß ich stark verquollen war. Ich begab mich am gleichen Tag aber doch noch zu meiner Tante und fragte sie, ob sie mich aufnimmt. Sie sagte zu mir, daß sie es für eine Selbstverständlichkeit hält, da ich ihre Nichte bin und zudem das Patenkind. Ich versicherte mich aber erst noch bei dem ABV Seypt, ob ich richtig gehandelt habe, und er sagte zu mir, daß er meinen Vater auch kennt und er mit ihm reden wird, damit ich wieder zu Hause wohnen kann, ohne daß ich Schläge zu fürchten habe. Der Polizist ging auch zu meinem Vater, und dieser ließ ihn ausrichten, daß ich unverzüglich nach Hause kommen soll. Ich machte mich auch auf den Weg, nach Hause zu gehen, und in dem Braugäßchen traf ich meinen Vater, der gerade die Hunde ausgeführt hatte. Als er mich erblickt hatte, hielt er mich fest und forderte mich auf, sofort in unsere Wohnung zu gehen, und das andere wird er mit mir besprechen, wenn er raufkommt.«

Es ist nichts zu fürchten als die Furcht.
Ludwig Börne

»Da ich schon sehr oft von meinem Vater geschlagen worden bin, hatte ich Angst vor ihm, daß er mich wieder schlagen könnte, und so ging ich nicht nach Hause, sondern rannte ich förmlich zu meiner Tante. Von da ab wohnte ich bei meiner Tante in der Lessingstr. 44. Während dieser Zeit ging ich einmal mit meiner Schwester ins Kino, und bei dieser Gelegenheit traf ich wieder mit einer alten Freundin zusammen, mit der ich einige Zeit befreundet war. Es handelt sich hier um die Rosemarie Gericke, welche damals in Plauen, Elsterstraße wohnte. Hierzu möchte ich noch erwähnen, daß die Freundschaft mit der Gericke durch meinen Vater auseinanderging, der mir verboten hatte, mit ihr zu gehen. Wir hatten uns dann auch lange nicht mehr gesehen, und es war sogar soweit, daß ich sie nicht einmal mehr gegrüßt habe, wenn ich sie einmal traf. Durch diese Begegnung habe ich ihr auch gesagt, daß ich nicht mehr zu Hause wohne, und im Laufe des Gesprächs fragte sie mich, was ich den ganzen Tag mache. Ich hatte ja damals noch keine Arbeit wieder gehabt.«

Je weniger Happyends das Leben uns bereitet, umso mehr brauchen wir davon im Kino.
Walter Ludin

»Als ich einige Tage später wieder einmal mit der Gericke ins Kino gegangen war, saßen hinter uns drei junge Burschen, die uns neckten. Nach dem Kinobesuch liefen uns die Burschen nach, und sie luden uns ein, nochmals in die HO-Gaststätte ›Vogtlandhof‹ zu gehen. Wir gingen auch mit, und bei der Gelegenheit lernte ich den Wendt, Jürgen, kennen, welcher in Plauen, Breitscheidstraße 136, wohnte. Die anderen beiden Burschen waren aus Westdeutschland hier zu Besuch, und einer hatte ein Mädchen bei sich. Der andere gab sich mit meiner Freundin ab. Von dem Tag ab habe ich mich fast jeden Tag mit dem Wendt getroffen.

Es kann 14 Tage nach unserem Bekanntwerden gewesen sein, als wir zu fünft an einem Nachmittag die Absicht hatten, einmal fortzugehen. Da wir in der HO-Gaststätte ›Casino‹ keinen Platz mehr bekommen haben und ich weder in die ›Freundschaft‹ noch in die ›Forsthalle‹ mitgehen wollte, machte ich den Vorschlag, daß wir in unseren Garten gehen werden, welcher in Plauen neben dem Schwimmstadion liegt. Wir hatten damals noch unsere Möbel draußen, und so begaben wir uns dorthin. Die Gericke nahm ihre Gitarre mit. Wir haben es uns dann im Garten gemütlich gemacht und sind bis gegen 23.30 Uhr geblieben. Die Gericke wollte nun ihre Gitarre im Haus lassen, und da wir auch etwas aufgetragen hatten, sagte ich, daß ich das Haus so verlassen will, wie ich es vorgefunden habe. Mit diesem Vorschlag war sie aber nicht einverstanden, und so ging sie mit ihrem Freund zu sich. Ich blieb mit dem Wendt allein, und hierbei kam es zum Geschlechtsverkehr. Ich hatte in dieser Nacht zum ersten Male mit dem Wendt Verkehr gehabt, wobei wir zwei Geschlechtsakte durchführten. Ich bin in der Nacht gegen 02.00 Uhr nach Hause gekommen, d. h. zu meiner Tante in die Lessingstraße. Unterwegs versuchte er nicht, nochmals mit mir Verkehr durchzuführen.

Unsere Freundschaft währte auch noch eine Weile, da die beiden Bekannten von ihm aus Westdeutschland nicht gleich zurückfahren konnten, da in ihrem Wohnort eine Krankheit ausgebrochen war.

Ich habe am 1.7.1955 in meinem Beruf die Arbeit in dem Kindergarten aufgenommen, wo ich bis zuletzt tätig war.«

Heimkehren ist oft schwerer als fortgehen.
Aus China

»Am 3.7.1955 kehrte ich dann in die Wohnung meiner Eltern zurück. Meine Mutter hatte mich zuvor im Auftrag meines Vaters aufgesucht und mir mitgeteilt, daß ich doch wieder nach Hause kommen soll und alles, was gewesen ist, vergessen soll. Auch mein Vater wollte alles vergessen, er wollte nur, daß ich wieder zu Hause bin. Ich glaubte erst, mein Vater tut es auch aus Egoismus, weshalb ich auch meiner Mutter mitteilte, daß ich bereits in meinem Beruf die Arbeit aufgenommen habe und keine Lust habe, sie wieder zu kündigen. Meine Mutter bat mich, aber doch zu kommen, und so gab ich nach und ging mit nach Hause. Als ich meinem Vater auch klar gemacht hatte, daß ich meine Stellung nicht aufgeben will, gab er mir recht, und so ging ich am Tage meinem Beruf nach, und wenn ich gleich nach der Arbeit nach Hause kam, half ich meinem Vater in der Sprechstunde.

Im Juli, als ich meine Menstruation bekam, merkte ich, daß sie nicht so stark war wie sonst, da ich aber viel schwimmen gegangen bin, dachte ich, daß ich mich vielleicht ein wenig erkältet habe. Und legte auch keinen Wert darauf, daß sie nur 3 Tage anhielt, wogegen sie sonst 5 Tage bestand.

Als ich im nächsten Monat wieder meine Mensis bekam und sie mit gleichen Erscheinungen eintrat, kam noch nicht der Gedanke, daß ich etwa schwanger sein könnte. Meine Mensis blieb bis zum 4. Monat, dann kam sie nicht wieder, und erst da machte ich mir Gedanken, daß ich schwanger sein werde.

Inzwischen war das Freundschaftsverhältnis zu dem Wendt auch nicht mehr vorhanden, es ging bereits Anfang Juli zu Ende. Als seine beiden Freunde wieder wegfahren konnten, trafen wir uns nochmals zufällig am Oberen Bahnhof, wohin er die beiden gebracht hatte.

Zuvor hatte ich meine damalige Freundin Rosemarie Gericke getroffen und fragte sie, ob sie nicht ihren Freund mit zur Bahn bringen will. Sie sagte mir, daß sie keine Verbindung mit ihm habe und die ganze Sache als ein Erlebnis betrachtet. Sie sagte auch zu mir, daß der Jürgen Wendt mein Verhältnis nur als ein solches ansieht, was ich ihr aber auszureden versuchte. Sie lachte mich damals aus, und da ich ihr nicht glauben wollte und mich die beiden anderen dauerten, daß sie allein nach dem Bahnhof gehen sollten, begleitete ich sie.

Wie bereits erwähnt, traf ich dann auch auf den Wendt, und sein Benehmen mir gegenüber war so, daß ich wirklich an die Rosemarie zurückdenken mußte, als diese sagte, daß sie die Sache nur als Abenteuer gehandhabt habe. Der Wendt wollte auch nichts mehr von mir wissen und sagte beim Abschied nicht einmal mehr, daß wir uns nochmals treffen wollen, sondern überließ es dem Zufall, oder er wollte vielleicht einmal bei uns anrufen.

Hierauf kam mir zum Bewußtsein, daß die Gericke doch recht hatte, und weil ich mir dann auch denken konnte, daß sie mich auch nur mit in die Sache gezogen hatte, gab ich innerlich meinem Vater recht, der mir früher verboten hatte, mit der Gericke in Freundschaft zu bleiben. Ich habe mich deshalb auch von ihr losgesagt.

Als ich selbst davon überzeugt war, daß ich schwanger war, es war also im 4. Monat, schämte ich mich, zu einem Arzt zu gehen. Ich wollte niemand etwas von meinem Zustand sagen und hielt es auch vor meinen Eltern lange geheim.«

… habe sie das Leben des Kindes in ihrem Leib gespüret, und zwar so, als ob ein Stein von einer Seite auf die andere gewelzt würde, sie hätte aber nichts sagen können, und wäre ihr nicht anders gewesen, als wann ihr das Maul zugebunden wäre, sonsten sie nicht in dieses Unglück kommen seyn würde.

PROTOKOLL IM KINDESMORDPROZESS SUSANNA MARGARETHA BRANDT, 1771

»Ich möchte noch einflechten, daß ich zuvor bereits wieder einmal aus der Wohnung meiner Eltern ausgezogen war und ca. 5 Tage in dem Haus wohnte, wo meine Arbeitsstätte ist.

Ich wohnte dort bei einer Frau Dahl. Der Grund hierfür ist darin zu suchen, daß mein Vater wieder einmal mit meiner Mutter in eine Zwistigkeit geraten war, wonach er sie wieder schlug. Wir durften damals meiner Mutter nicht helfen oder beistehen, sondern mußten im Bett liegen bleiben. Da meine Mutter in ihrer Not die Polizei angerufen hatte und wir alle mit hierher kommen mußten, wo wir vernommen worden sind, hat uns der Vater nicht mehr angeschaut. Nach diesen Tagen rief er mich an und bat mich, nach Hause zu kommen, da er mich sprechen will. Ich ging auch nach Hause, und da entschuldigte sich mein Vater bei mir, und ich ließ mich erweichen und blieb wieder zu Hause.

Im Oktober 1955, den Tag kann ich nicht mehr sagen, war ich zu Besuch bei meiner Tante in Bad Elster. Als ich gerade mit meinem Cousin durch die Stadt lief, begegnete ich mit einem Male dem Wendt, der mit einem Mädchen gelaufen kam. Obwohl die Freundschaft zwischen uns nicht mehr bestand, kam mir in dem Moment besonders stark der Gedanke, daß er mich nur als Spielball benützt hatte und er es mit den Mädchen nicht so genau nimmt. Ich kam mit ihm nicht ins Gespräch, und zu der Zeit wußte er auch nichts von meiner Schwangerschaft.

Am 31.12.1955 bat mich meine Mutter, ihr alles anzuvertrauen, wenn ich Sorgen habe. Sie hatte wohl bemerkt, daß ich in anderen Umständen war, und so habe ich ihr auch alles erzählt. Meine Mutter schimpfte mich nicht aus und war ganz vernünftig, sie sagte nur, daß ich es auch meinem Vater erzählen soll. Ich habe es aber an dem Abend nicht getan, es erledigte meine Mutter für mich einige Tage später. Es dauerte aber noch eine ganze Weile, bis ich mit meinem Vater selbst die Sache meiner Schwangerschaft besprach, denn inzwischen war meine Mutter wieder einmal von zu Hause weg, wegen Zwistigkeiten mit meinem Vater.«

Vater: Was liegt dir auf dem Herzen, mein Kind,
du scheinst so bang?
Tochter: Ach, unterm Herzen liegt mir's
nun schon sechs Monden lang.
JOHANN PETER HEBEL

»Als es aber dann doch zu einer Aussprache gekommen war, wollte mein Vater wissen, wer der Kindsvater ist, was ich ihm auch mitteilte. Er war der Meinung, daß ich mit ihm darüber sprechen muß und ihm dies zur Kenntnis geben soll. Weiter besprachen wir, daß wir mich für diese Zeit aus Plauen nehmen wollen, damit ich woanders entbinden kann. Mein Vater wollte nicht haben, daß es unter seinen Patienten bekannt wird, und auch Verwandtschaft sollte nichts davon erfahren. Es kam aber dann nicht soweit, da mein Vater nichts fand, wohin ich gehen könnte.

Ich habe mich dann mit dem Wendt getroffen und ihm erst jetzt mitgeteilt, daß ich in anderen Umständen bin und er der Kindsvater ist. Er fragte mich, warum ich nicht schon früher gekommen bin, und hierzu möchte ich sagen, daß ich einfach keinen Mut zu ihm gefunden habe. Wendt wehrte sich aber nicht dagegen, daß er der Kindsvater sein kann, sondern glaubte es. Es kam dann auch die Sache mit Bad Elster zum Ausdruck, und ich sagte ihm, was ich von ihm halte, nämlich, daß er mich an dem Abend und auch in der weiteren Zeit nur für einen Spielball hielt. Er bestätigte dies auch und stritt es nicht ab.«

Heirat macht mündig.
ALTER RECHTSGRUNDSATZ

»Mitte Januar kam dann einmal der Wendt zu uns in die Wohnung. Meine Eltern fragten ihn, wie er zu einer Heirat denkt, und hierzu sagte der Wendt, daß er sich es finanziell nicht leisten kann. Er hatte zu der Zeit krankheitshalber nicht gearbeitet und brachte dies in vorderster Linie vor. Mein Vater gab ihm zu verstehen, daß ich doch arbeite und auch er noch da ist, um zu helfen, wenn es sein müßte, Wendt ließ sich aber nicht ein und brachte noch verschiedene Ausreden vor. Unter anderem brachte er auch vor, daß er nicht so einfach von seinem jetzigen Mädchen gehen kann, da es sein könnte, daß auch sie eines Tages sagt, daß sie schwanger ist. Er gab mir zum Trost noch an, daß er erst einmal sehen müßte, wie er mit diesem anderen Mädchen fertig werden kann. Wenn Wendt sich offen dazu bekannt hätte, mich zu heiraten, so hätte ich sofort zugesagt. Ich wäre die Heirat mit ihm nicht allein wegen des Kindes eingegangen, sondern, weil ich ihn wirklich gern gehabt hatte. Er versprach mir noch, daß er sich sofort um alles kümmern will, was auf Grund meines Zustandes sein muß, und zu meinen Eltern sagte er, daß er ihnen sobald als möglich Bescheid geben will, wie er mit seinem Mädchen fertig geworden ist.

Wendt ließ aber seither nichts mehr von sich hören. Er kam weder nochmals zu uns und schrieb auch nicht mehr an mich. Ich habe ihn seither nicht mehr zu Gesicht bekommen. Seiner Mutter hatte ich die Sache damals zu gleicher Zeit mit erzählt, als ich es ihm mitteilte. Sie vertrat die Meinung, daß er alt genug sei, um zu wissen, was er tut, und war der Ansicht, daß er mich heiraten soll. Ich habe seine Mutter seither auch nicht wieder gesehen, obwohl ich einmal vor meiner Entbindung versucht hatte, sie in der Wohnung anzutreffen.

Als mir klar war, daß mich der Wendt nicht heiraten würde, kam mir wieder der Gedanke, daß ich zu Hause nicht bleiben kann, da ich meinen Eltern nicht zumuten wollte, daß man über mich spricht. Ich wollte nicht, daß es die Leute im Haus, die Verwandtschaft und das Personal erfährt, was mit mir war, und so faßte ich den Entschluß, von zu Hause auszuziehen. Mein Vater und auch meine Mutter haben mich in keiner Weise dazu getrieben, im Gegenteil, mein Vater hatte mir Hilfe zuteil werden lassen, wo es nur möglich war.«

Guter Ruf ist für den Menschen sicherer als das Geld.
PUBLILIUS SYRUS

»Ohne es meine Eltern wissen zu lassen, habe ich dann meine Wohnung gewechselt, indem ich mir durch das Wohnungsamt ein Zimmer zuweisen ließ. Ich zog Ende Januar in das Haus der Darwinstr. 4, dessen Besitzer der Herr Emrich ist. Ich habe dort ein Zimmer in der 1. Etage bekommen und bewohnt. Meine Kleinigkeiten habe ich mitgenommen und 2 Sessel und ein Rundfunkgerät habe ich mir gekauft, als ich bereits eingezogen war. Sonst ist das Zimmer möbliert. Ich habe die Leute nicht gekannt, welche in dem Haus wohnen, sie waren mir alle fremd.

Ich habe weder Emrich noch der Frau Müller, welche mit mir auf einer Etage wohnt, etwas von meinem Zustand erzählt.

Als ich bereits einige Tage in der Darwinstraße gewohnt hatte, bekam ich eines Tages einen Anruf in meine Arbeitsstätte. Man teilte mir anonym mit, daß der Jürgen Wendt nicht mehr in Plauen bezw. gar nicht mehr in der DDR ist. Obwohl ich darum bat, daß die Anrufende mir mitteilt, wer sie ist, sagte sie ihren Namen nicht. Ich habe an der Stimme zu erkennen geglaubt, daß es sich um eine erwachsene Person gehandelt haben muß. Die Gericke war es nicht, denn sie hätte ich an der Stimme erkannt.

Da ich die Hoffnung noch nicht aufgegeben hatte, daß mich der Wendt doch noch heiraten könnte, berührte dieser Anruf mich besonders. Ich versuchte, mir diesen Gedanken auszureden, daß er fort ist, weil sich die Frau nicht mit Namen meldete, aber zu gleicher Zeit kam mir auch wieder der Gedanke, daß er sich die ganze Zeit nicht sehen oder hören ließ und es vielleicht doch der Wahrheit entsprach, was man mir mitteilte.

Ich hatte mir bereits im Januar Wäschestücken für das Kind gekauft. So hatte ich Windeln, Jüppchen versorgt. Ich trug mich mit dem Gedanken, daß ich das erste halbe Jahr mein Kind in ein Heim geben wollte, um mich nach einer anderen Wohnung weit weg von Plauen umzusehen. Ich hatte mich so geschämt, daß ich niemand mehr sehen wollte, wenn einmal das Kind zur Welt gekommen wäre.

Ich hatte in der Beziehung auch mit einer Arbeitskollegin namens Prehl, Gerlinde, gesprochen, weil es der auch so ging. Sie konnte mir aber auch keinen richtigen Rat geben und erzählte mir nur, als sie in der Klinik erfahren mußte, wie eine Mutter ihr Kind gar nicht haben wollte und man es einfach adoptierte. So wollte ich es aber nicht haben, sondern nach einer Zeit doch wieder mein Kind zu mir holen. Da ich also der Meinung war, daß es dies in der Art nicht gibt, war ich fassungslos und wußte mir keinen Ausweg mehr. In dieser Not habe ich mich auch nicht an meine Eltern gewandt, denn mein Vater hatte zu Hause die Äußerung getan, daß er sich für mich nicht mehr einsetzt, da ich mir nicht helfen lassen wollte, als er mir seine Hilfe angeboten hatte. Dies ist mir durch meine Schwester mitgeteilt worden, die mich immer einmal besuchte. Während meine Mutter meine Schwester gebeten hatte, sie immer von meinem Befinden zu unterrichten, erwähnte mich mein Vater zu Hause gar nicht. Meine Mutter ließ mir auch Eßwaren zukommen, wovon aber mein Vater nichts wissen durfte.«

Ein Verhältnis zwischen Vater und seinem Kind ist gleichsam dem Beziehungsgeflecht einer alpinen Seilschaft. Im günstigen Fall erweist sich der Vater als Bergführer und führt sein Kind sicher zum Gipfel. Wird das Kind vom Vater verlassen, muß ein Vater mit dem Vorwurf leben, daß er das Seil abgeschnitten hat und sein Kind fortan ohne seine Hilfe den Gipfel erreichen muß.

Bernhard Deykowski

»Das Einzige, was mir mein Vater nicht verboten hatte, war, daß meine Schwester nach wie vor mit mir zusammen ins Capitol gehen durfte, wo wir einen Anrechtsplatz hatten.

Ohne daß ich Beschwerden irgendwelcher Art hatte, die mit meiner Schwangerschaft zu tun hatten, arbeitete ich bis zum 17.3.1956 mittags. Meine Arbeitszeit geht an sich bis 12.00 Uhr, aber es ist 13.30 Uhr geworden, als ich aufhörte. Ich hatte die Absicht, vom 19.3.–2.4.1956 Urlaub zu machen, und hatte ihn auch angetreten. Der Urlaub war bereits seit langer Zeit eingeplant, und ich trug mich mit dem Gedanken, daß ich während dieser Zeit die Vorbereitungen für die bevorstehende Geburt durchführen konnte. Erwähnen möchte ich noch, daß ich mich vor dem Anruf mit dem Gedanken befaßt hatte, doch einen Arzt aufzusuchen, um ihm alles mitzuteilen, und der Arzt sollte dann meinem Vorgesetzten mitteilen müssen, was mit mir ist und daß ich nicht mehr zur Arbeit kommen kann.

Da durch den Anruf der letzte Glauben an die Wendung meines Schicksals verflossen war, fand ich auch nicht mehr den Mut zu einem Arzt. Ich war verzweifelt und wußte keinen Ausweg. Ich ging mehrmals in die Wohnung meiner Eltern, weil ich mir vorgenommen hatte, zu ihnen zurückzukehren, um mir bei ihnen Hilfe zu suchen, aber immer, wenn ich an der Tür stand, war der Mut weg, und ich kehrte wieder um. So war ich zuletzt kaum noch in der Lage, einen Gedanken zu fassen und überließ mich meinem Schicksal.«

Die Aufgabe der Umgebung ist nicht, das Kind zu formen, sondern ihm zu erlauben, sich zu offenbaren.

Maria Montessori

»An jenem Sonnabend, den 17.3.1956, hatte ich nach meiner Arbeitszeit meine Schwester getroffen, und deshalb kam ich erst gegen 16.45 Uhr nach Hause. Dann habe ich meine Wohnung sauber gemacht, habe sonstige häusliche Arbeiten verrichtet und setzte mich dann hin und machte Handarbeiten. Ich habe eine Decke gestickt, welche ich schon lange begonnen habe.

Es kann gegen 19.30 Uhr gewesen sein, als ich merkte, daß ich ein Ziehen im Leib hatte. Ich dachte erst, daß ich ungünstig sitze und nahm eine andere Lage ein. Die Schmerzen aber ließen nicht nach, und unmittelbar danach merkte ich, daß Wasser abging, wobei es sich um Fruchtwasser handelte. Ich setzte mich hierzu auf einen Eimer, dachte aber noch nicht daran, daß die Geburt des Kindes folgen würde.

Da ich überhaupt keine Schmerzen verspürt habe und glaubte, diese müssen dabei sein, vertrat ich die Meinung, daß die eigentliche Geburt erst nach einem oder zwei Tagen geschieht. Da es mich zu frieren begann, obwohl ich in meinem Zimmer Feuer hatte, kochte ich mir einen Tee und machte ein Fußbad. Anschließend legte ich mich ins Bett, wobei ich die Stehlampe brennen ließ und in einem Buch gelesen habe.

Es stellten sich erneut Schmerzen ein. Diese waren aber nicht periodisch, sondern gleichbleibend. Da ich einmal in einem Buch gelesen hatte, daß bei der Erstgeburt der Geburtsvorgang 12–18 Stunden dauert, glaubte ich auch jetzt noch nicht daran, daß es mit der folgenden Geburt in Verbindung zu bringen ist.

Gegen 22.30 Uhr wurden die Schmerzen dann immer stärker. Sie traten aber jetzt in Abständen auf, also nicht mehr gleichbleibend.

Da ich es vor Schmerzen bald nicht mehr aushalten konnte, trug ich mich für kurze Zeit mit dem Gedanken, die Frau Emrich zu rufen. Bei ihnen war aber Besuch, und sie haben wohl eine kleine Feier gehabt, denn es ging laut zu, und jemand spielte auch Akkordeon. Die Frau Müller rief ich aber auch nicht, denn ich weiß nicht, ob sie überhaupt zu Hause war, da sie sich viel bei Emrichs aufhält.

Es muß in der Zeit zwischen 23.00 und 23.15 Uhr gewesen

sein, als ich nicht mehr die Schmerzen verspürte wie zuvor, sondern mehr ein Druckgefühl empfand, und dabei habe ich unwillkürlich mit gepreßt, und so kam das Kind heraus. Ich hatte zu diesem Zwecke im Bett liegend die Beine angezogen. Ohne daß ich mit meinen Händen Hilfe leistete, war innerhalb von ca. 10 Minuten das Kind da. Das Federbett lag dabei wie ein Zelt über mir und reichte bis an meine Gürtellinie. Es lag an sich locker über mir, und ich hielt mich in den letzten Schmerzen nur an den Rändern desselben fest. Obwohl es für mich eine Erleichterung war, als die Geburt beendet war, setzte doch sofort wieder ein Schmerz ein, der noch stärker war als die Schmerzen zuvor. Es war ein Schneiden über den Leib, was mich veranlaßte, sofort meine Beine wieder zu strecken. Das Kind lag dabei zwischen meinen Beinen. Da ich befürchtete, daß das Kind schreien könnte, deckte ich sofort das Federbett auf das Kind und drückte es fest darauf. Ich kann nicht sagen, ob das Kind einen Laut von sich gegeben hatte, so erregt war ich. Meine Absicht war, das Kind zu ersticken. Ich wollte mich desselben entledigen, da ich auf Grund der vorangegangenen seelischen Schmerzen nicht mehr wußte, was ich mit einem Kind anfangen sollte.«

Sieh, so ist Tod im Leben. Beides läuft
so durcheinander, wie in einem Teppich
die Fäden laufen; und daraus entsteht
für einen, der vorübergeht, ein Bild.
Rainer Maria Rilke: »Die weiße Fürstin«

»Ich kann keine Zeit darüber angeben, wie lange ich die Zudecke über das Kind gedrückt hatte, und auch nicht, wie lange die schneidenden Schmerzen anhielten. Ich hatte mich dann erhoben, d. h., ich habe meinen Oberkörper aufgerichtet, und im selben Augenblick ging die Nachgeburt weg.

Aus der Tasche meines Morgenrockes habe ich mir nun die Schere genommen, um das Kind von mir zu trennen. Den Morgenrock hatte ich bereits vorher auf das Bett gelegt, und die Schere hatte ich noch in der Tasche, da ich zuvor Handarbeiten gemacht hatte. Zuerst versuchte ich, die Nabelschnur zu zerreißen oder zu zerdrücken, aber als dies mir nicht gelang, zerschnitt ich sie. Ich kann keine Angaben machen, wie lang die Nabelschnur war, obwohl ich sie gesehen habe, als sie zerschnitten wurde. Meiner Meinung nach war sie ca. 20 cm lang.

Danach habe ich mich erst nochmals zurückgelegt, und nach einer Weile stand ich auf. Bis zu der Zeit hatte ich das Kind noch nicht gesehen. Mit der Gummiunterlage, welche ich mir ins Bett gelegt hatte, verbrannte ich dann die Nachgeburt in meinem Ofen, in dem sich noch Feuer befand. Ich werde höchstens 5 Minuten aufgestanden gewesen sein, und nachdem ich mich wieder hingelegt hatte, sah ich mir zum ersten Male das Kind an. Ich hob es zu mir und sah, daß kein Leben mehr in ihm war. Die Augen waren geschlossen, es fühlte sich noch warm an. Ich behielt das Kind in meinem Arm und blieb so im Bett liegen die ganze Nacht und auch am Sonntag noch. Nur als mich meine Schwester am Sonntag nachmittags besuchte, legte ich es unter das Federbett und sagte zu ihr, daß es mir nicht gut ist. Ich habe das Kind weiter in meinem Bett liegen lassen, denn ich konnte ja keine Minute schlafen.

Am Montag früh bin ich zum ersten Male aufgestanden. Es war der 19.3.1956. Ich habe zu Hause meine häuslichen Arbeiten verrichtet, und am Nachmittag ging ich dann in unseren Garten, welcher an das Schwimmstadion angrenzt. Ich hatte die Absicht, die Kindesleiche dort zu begraben, wozu ich sie in ein Tuch eingebunden hatte. Da die Erde an diesem Tag noch gefroren war und ich auch keinen richtigen Fleck fand, grub ich es noch nicht ein, sondern legte es unter einen Schubkarren, dann ging ich wieder nach Hause.

Da ich mich eben noch nach Hause schleppen konnte, mußte ich mich zu Hause wieder hinlegen, und so blieb ich auch in den folgenden Tagen zu Hause, da ich mir nicht wagte, den weiten Weg zu laufen. Erst am Freitag, den 23.3., es kann auch der Sonnabend gewesen sein, als ich dann wieder in den Garten ging, und da fand ich einen Platz unter der einen Edeltanne. Ich hatte mir zu dem Zwecke bereits eine Kohlenschaufel mitgebracht, und mit dieser grub ich ein Loch direkt unter der Tanne. Erst hatte ich die Absicht, nachdem ich die Kindesleiche nochmals mit Zeitungspapier eingepackt hatte, zudem mit Bindfaden zuzuschnüren, doch als ich das sah, nahm ich den Faden wieder ab und legte es nur mit der Verpackung in das Loch. Nachdem machte ich wieder zu und ging wieder nach Hause.

Da ich derart seelisch gepeinigt war und nicht mehr allein von meinem Vorhaben wissen wollte, sondern jemand haben mußte, der sich mit mir einmal ausspricht, rief ich am gestrigen Tage, den 28.3.1956, meine Mutter zu Hause an und fragte sie, wann ich zu ihnen kommen kann. Meine Mutter teilte mir mit, daß ich gegen 19.30 Uhr kommen kann, da dann meine Tante weg ist, welche mit im Haushalt hilft. So ging ich auch zur genannten Zeit zu meinen Eltern und erzählte ihnen alles, was ich angestellt habe. Ich habe erst versucht, meinen Vater nicht die Tatsachen zu erzählen, aber ich habe mich dann doch dazu bereit gefunden, die Wahrheit zu sagen. Mein Vater sagte gleich, daß er nur einen Schritt gehen kann, und hat deshalb die Volkspolizei angerufen. Weitere Angaben kann ich zu der Sache nicht machen.«

Der Begriff ›Section‹ wird erstmals 1630 in den Leipziger Responsen gebraucht, wo in einem Kriminalfall gerügt wird, daß zur Besichtigung der Leiche ›kein verständiger Chirurg, Medicus, Wundarzt oder Balbierer zugezogen, keine Section noch innerliche Inspection des todt verblichenen Körpers gemacht, sondern nur äußerlich von einem unverständigen Bader vollführt worden‹, so daß die Frage nach der Tödlichkeit der Wunde nicht beantwortet werden konnte.

Wolfgang Dürwald: *Mord und Mordmotiv. Ein gerichtsmedizinischer Pitaval aus dem 19. Jahrhundert.*

»Protokoll über die Sektion der Leiche des Kindes Rehdanz, Stefanie, geb. 17.3.1956, wohnh. gewesen Plauen, Darwinstr. 4, aufgefunden am 29.3.1956 gegen 9.3 Uhr in einem Gartengrundstück am Schwimmstadion in Plauen. Auf Grund des erhobenen Obduktionsbefundes ergibt sich:

Das Kind war reif.

Das Kind war neu-geboren.

Das Kind war nicht auf die vorgeschriebene Art abgenabelt. Es besteht der Verdacht, daß die Durchtrennung der Nabelschnur in einer Entfernung von 7 cm vom Hautnabel mit einem stumpfen Gegenstand oder durch Zerreißung erfolgt ist.

Die Schwimmproben der Lungen im Ganzen und in Teilen von einzelnen Lappen fielen positiv aus. Das Kind hat demnach geatmet. Zeichen von Erde konnten in den oberen Luftwegen nicht gefunden werden. Offenbar war das Kind, als es vergraben wurde, tot.

Die unter den Rippenfellüberzügen der Lungen aufgefundenen Blutungen, die Stauungsblutfülle der Leber und Nieren sowie die Blutfülle der Gefäße der weichen Hirnhäute deuten darauf hin, daß der Tod durch Ersticken eingetreten ist. Würgemale am Halse oder sonstige äußere Verletzungszeichen konnten bei der Obduktion nicht aufgefunden werden.«

Macht denn nur das Blut den Vater?

Gotthold Ephraim Lessing

»Heute wurden die Eltern der Beschuldigten zu hiesiger Dienststelle vorgeladen und eine Aussprache mit ihnen durchgeführt. Es ergab sich dabei folgendes:

Der Vater führte an, daß er ein großes Teil der Schuld habe, daß seine Tochter eine derartige Handlung durchgeführt hat. Hinterher, immer wenn es zu spät ist, sieht man es ein, kann es dann aber nicht mehr ändern, sagte er. Er sei in der Erziehung an die einzelnen Dinge herangegangen, so daß er im Laufe der Zeit seine Tochter mißmutig machte und sie vor den Kopf stieß. Er hat ihr gegenüber viele Fehler gemacht, die er heute offen zugibt, und vor allem einsieht. Seine Tochter sei gar nicht so, daß sie in dieser Form, wie er es tat, behandelt werden mußte. Er ist eben sehr aufgeregt und nervös, und dadurch kommt es, daß er oft Worte sagt, die er hinterher gar nicht so gemeint haben wollte usw.

Die Mutter führte an, daß die Lissy sehr kinderlieb sei, also Kinder furchtbar gern habe. In ihrem Beruf als Erzieherin sei sie förmlich aufgegangen. Sie habe es auch verstanden, die Kinder entsprechend zu behandeln.

Schon immer sagte sie, daß sie es verwirft, wenn ein Mädel mit einem verheirateten Mann ein Verhältnis habe, und daß sie lieber einmal mit einem Kind allein durchs Leben gehen möchte, falls es soweit kommt, als eine unglückliche Ehe einzugehen. Daß sie einmal ein Kind haben wollte, war schon lange ihr Wunsch. Falls sie keins bekäme, wollte sie sich einmal eins annehmen.

Die Mutter ist sprachlos über diesen Widerspruch, der zweifellos vorliegt zwischen dem Verhalten und Reden ihrer Tochter früher und ihrer jetzigen Handlungsweise. Sie ist der Meinung, daß sie in diesem Moment derart fertig gewesen sein muß und den Kopf und die Besinnung verloren hat, daß sie dann zu dieser Tat schritt, anders könnte sie es sich gar nicht vorstellen.

In ihren Briefen, die sie aus der Haft ans Elternhaus schreibt, bereut sie ihre Tat und schreibt, daß sie diese völlig büßen werde und wenn sie 10 Jahre Zuchthaus erhält, sie erwarte die härteste Strafe, da sie diese verdient habe, und möchte erst wieder an die Öffentlichkeit treten, wenn ihre Handlung genügend gesühnt ist.

Aus den Briefen, die der Vater an sie schreibt, würde auch hervorgehen, daß er seine große Schuld einsieht.

Die Eltern, besonders der Vater, führten an, daß das Elternhaus für sein Kind nach der Strafverbüßung jederzeit offen steht, und er möchte seine bisherigen Fehler bei der Erziehung insofern wieder gut machen, daß er von nun an alles für sein Kind tun möchte, so wie es sich für einen Vater gehört.«

Menschen sind die einzigen Lebewesen, die es ihren Kindern erlauben, nach Hause zurückzukehren.

BILL COSBY

»Heute wurde ermittelt, daß der Wendt, Jürgen, wh: Plauen, Breitscheidstr. 103, welcher die Beschuldigte schwängerte, gar nicht republikflüchtig, sondern in Plauen aufenthältlich ist und hier auch arbeitet. Er ist beschäftigt im VEB-Kraftfahrzeug-Instandsetzungswerk Plauen, an der Leuchtsmühle. Wendt wurde zwecks Vernehmung für den 12.4.1956 vorgeladen und soll zur Sache vernommen werden, um evtl. dadurch auf die anonyme Anruferin zu kommen.

Name: Wendt, Jürgen Wilhelm
geb.: 14.10.1928 in Plauen (Vogtl.)
Beruf: Büroangestellter im VEB-Kraftfahrzeug-Instandhaltungswerk für Großraumfahrzeuge, Plauen, Leuchtmühlenweg
wh.: Plauen, Breitscheidstr. 103
Zur Sache:

Ich habe die Rehdanz in Plauen einmal kennengelernt. Nachdem ich vom 1.4.1943–22.6.1955 bei der Reichsbahn in Plauen beschäftigt war und dort meine Arbeit aufgab, weil ich aus gesundheitlichen Gründen keinen Nachtdienst mehr verrichten konnte, war ich danach aushilfsweise als Kellner im ›Prälaten‹ beschäftigt, bis ich mir eine feste Arbeit wieder beschafft hatte. Ich habe dann am 1.2.1956 als Büroangestellter im VEB-Kraftfahrzeug-Instandhaltungswerk Plauen angefangen und bin auch noch heute dort beschäftigt.

Ich war die letzten 2–3 Jahre nicht wieder in Westdeutschland oder Westberlin gewesen und damals lediglich zweimal mit der Fußballmannschaft und einmal besuchsweise bei meiner Tante in Schleswig und Nürnberg. Ich habe 2 Bekannte aus Plauen, die in Westdeutschland wohnhaft sind. Es sind dies Freese, Peter, und Steudtner, Heinfried. Diese waren im vergangenen Jahr einmal etwa 3 Wochen besuchsweise in Plauen, wo ich öfters mit ihnen ausging. Sie waren so im Juni/Juli 1955 in Plauen.

Als diese hier in Plauen waren, lernte ich im Monat Juni 1955 im Kino die Lissy Rehdanz aus Plauen kennen, die mit einer Freundin vor uns im Kino saß. Wie es so ist, haben wir etwas geflachst, und es kam zu einer Unterhaltung. Nach dem Kino sind wir dann in die HO-Gaststätte ›Vogtlandhof‹ gegangen. Es waren meine beiden Freunde mit, die Rehdanz, Lissy, und deren Freundin Rosemarie. In der HO-Gaststätte hat dann der eine meiner Freunde noch ein Mädel mit an den Tisch geholt, so daß wir von da ab 3 Paare waren. Als wir diese Gaststätte verließen, habe ich dann die Rehdanz nach Hause gebracht. Sie wohnte in der Lessingstraße bei ihrer Tante, wie sie mir sagte. An diesem Abend hat sich sonst nichts weiter zwischen uns abgespielt.

Danach waren wir zu viert nochmals spazieren, in der ›Tennera‹, oder wo es war. Ich war mit der Rehdanz und der Freese mit der Rosi.

Es war dann am 21.6.1955, als wir im Garten der Eltern der Rehdanz am Stadion waren, wo wir eine Art Abschiedsabend feiern wollten, da die beiden aus Westdeutschland wohl wieder wegfahren mußten. An diesem Abend war ich wiederum mit der Lissy und Freese mit der Rosi. Wir hatten dort 2 kleine Flaschen Schnaps und einige Flaschen Bier getrunken. Es war keiner von uns dadurch betrunken oder angetrunken, sondern es herrschte dadurch lediglich eine heitere Stimmung. Es kann gegen 0.00 Uhr oder 1.00 Uhr gewesen sein, als dann der Freese mit der Rosi vom Garten aus heimgingen. Die Lissy und ich blieben noch dort. Vorher hatte ich im Garten schon versucht, sie einmal etwas abzudrücken und zu küssen, was sie aber nicht wollte und mich damit abwies, daß sie sagte, jetzt nicht. Es sollte wahrscheinlich niemand sehen.

Als die anderen dann gegangen waren, gingen wir ins Gartenhaus. Dort steht ein Tisch und Stühle, eine Bank und eine Chaiselongue. Auf dem Sofa ließen wir uns nieder und haben zunächst etwas poussiert, wie das in dieser Situation üblich ist. Wir haben uns geküßt usw.«

Wenn der eine den andern begehrt
Wenn der eine den andern nicht wehrt
Wenn der eine den andern wortlos versteht
Wenn sich beide berühren, sich zärtlich verführen,
findend verlieren
Dann gehören sie zusammen diese Nacht

INGEBURG BRANONER: »BERÜHRUNG«

»Es kam dann auch zwischen mir und der Lissy zum Geschlechtsverkehr. Ich hatte wohl nur meine Jacke ausgezogen. Ob die Lissy Rehdanz etwas ausgezogen hatte, könnte ich heute nicht mehr sagen, da ich auch nichts Falsches behaupten möchte. Ich weiß auch nicht mehr genau, wie es war, hatte sie den Schlüpfer heruntergezogen oder hatte ich dies getan bzw. ob der Schlüpfer überhaupt herunter war. Ich hatte jedenfalls mit der Rehdanz zweimal hintereinander Geschlechtsverkehr gehabt. Bei jedem Verkehr hatte ich Schutzmittel genommen, und zwar zu jedem Verkehr einen neuen.

Es kam bei mir zum Samenerguß bei jedem Verkehr, und ich habe mich danach im Freien, als ich das Schutzmittel wegwarf vorher noch angesehen, wobei ich feststellte, daß beide noch ganz waren und mein Sperma enthielten, sie waren weder defekt noch gerissen. Ich handhabe dies schon immer so, noch dazu, wenn ich ein Mädel nicht weiter kenne. Ich kann mir also heute nicht vorstellen, wieso ich die Lissy hierbei geschwängert haben sollte. Möchte aber auch nicht bestreiten, daß ich es war, nur ist mir dies unfaßbar und unverständlich. Sollte ich beim Wechseln der Schutzmittel etwas mit meinem Geschlechtsteil an das ihre gekommen sein, was ich aber nicht weiß, und ich könnte mir nur so eine Schwangerschaft durch mich vorstellen oder überhaupt erklären. Ich behaupte jedenfalls felsenfest, daß ich bei jedem Verkehr jeweils ein neues Schutzmittel verwendet habe, und nach meiner Überzeugung ist keines davon kaputt gegangen und enthielt den Sperma. Ich hatte die Schutzmittel mit Sperma in die Tasche gesteckt und auf dem Nachhauseweg weggeworfen. Ich weiß nicht, ob die Lissy das merkte, daß ich Schutzmittel verwendet habe. Es war das einzigste Mal, daß ich mit der Lissy Verkehr hatte (2 x) am 21.6.1955 im Gartenhaus am Stadion.

Danach haben wir uns so gut wie nicht mehr gesehen, wir hatten auch nicht vereinbart, daß wir uns an einem bestimmten Tag wiedertreffen wollen, und ich sagte ihr beim Abschied, daß wir uns in Plauen doch sicher einmal wiedersehen. Ich habe diesen Geschlechtsverkehr nicht etwa ausgeführt, um ein ernsthaftes Verhältnis mit der Lissy einzugehen, auch habe ich ihr dies nicht gesagt oder mein Verhalten danach eingerichtet. Ich sage nie einem Mädel, daß ich ernste Absichten habe oder sie heirate. Ich betrachtete diesen Abend als ein Erlebnis oder Abenteuer, wie dies so häufig der Fall ist, wenn man ein Mädel kennengelernt hat. Danach waren wir wohl zusammen noch einmal ein Glas Bier trinken in der HO-Gaststätte ›Freundschaft‹ in Plauen, und dann sah ich die Lissy lange Zeit nicht mehr.

Es kann im Oktober 1955 gewesen sein, als ich sie einmal wiedersah, und zwar in Bad Elster, wo ich mit dem Gesangsverein gewesen bin. Ich hatte damals die Helga Bugdahn, geb. am 10.3.1937, wh.: Plauen, Lessingstr. 150, bei mir, mit der ich heute noch ein festes Verhältnis habe. In Bad Elster ging die Rehdanz an mir vorbei, als wollte sie mich nicht sehen. Ich wollte sie grüßen, jedoch sah sie im Vorbeigehen weg. Ich dachte mir, daß sie wahrscheinlich nichts mehr von mir wissen wollte, und machte mir darüber auch keine Gedanken weiter.

Die Helga Bugdahn lernte ich im März/April 1955 kennen. Erst seit dem Sommer 1955 habe ich mit ihr ein festes Verhältnis, bin mit ihr jedoch nicht verlobt. Ich habe sie sehr gern und bin der Meinung, daß ich nunmehr das richtige Mädel für mich gefunden habe, und möchte sie deshalb auch nicht mehr missen.

Die Rehdanz kam Anfang oder Mitte Januar 1956 einmal zu mir und offenbarte mir, daß ich sie geschwängert hätte, sie sei bereits im 7. Monat der Schwangerschaft. Da sie einen Pelzmantel trug, konnte ich nicht sehen, ob es den Tatsachen entspricht. Ich habe ihr nicht etwas gesagt, daß dies möglich sei oder gar nicht in Frage kommt, fragte sie jedoch, weshalb sie dies jetzt erst zu mir sagt. Sie gab an, daß sie selbst erst im 5. Monat davon richtig Kenntnis erhielt, nachdem sie noch einige Male ihre Periode hatte. Wir vereinbarten dann auch eine Zusammenkunft bei den Eltern der Rehdanz, was im Januar geschah.

Ich muß sagen, daß mich der Vater der Rehdanz dabei ziemlich heruntertoffelte, und ich kam mir vor wie ein Lausejunge mit 15 Jahren, den er so behandelt. Ich war also keinesfalls erbaut von den Auswürfen des Rehdanz und sagte dort offen meine Meinung, daß ich inzwischen ein festes Verhältnis mit einem Mädel eingegangen bin und daß ich sie auch damit nicht enttäuschen wolle, daß ich keine Ehe eingehen möchte, die dann einmal nicht geht usw. Ich sagte auch, daß ich mir alles noch einmal überlege und nochmals vorbeikomme, wenn ich eine Entscheidung getroffen habe. Da mich Rehdanz sinngemäß mit den Worten verabschiedete, daß wir die Sache dann eben einmal der Stelle zum Schutze für uneheliche Kinder übergeben werden, fuhr mir dies wiederum in die Nase. Das Verhalten des Rehdanz mir gegenüber war es auch, daß ich in der Folgezeit nicht mehr hinging und mich um die Sache auch weiter nicht kümmerte. Ich wollte die Sache erst einmal an mich herankommen lassen, ich wollte die Geburt des Kindes erst einmal abwarten und hätte anfangs auch bedenkenlos gezahlt für das Kind, wobei ich später sicherlich eine Untersuchung hinsichtlich der Vaterschaft angestrebt hätte.«

Die Achseln haben die Schweißwetter längst vergessen.
Sie ruft das Schweigen aus mit den liegenden Armen.
Ines Klose

»Von der angeblichen Schwängerung der Rehdanz durch mich wußte nur meine Mutter. Sonst habe ich mich darüber mit keinem Menschen unterhalten. Selbst meiner Freundin, der Bugdahn, habe ich nichts erzählt, zumindest nichts Genaues oder wer das Mädel ist, wo sie arbeitet usw. Ich hatte ihr nur einmal angedeutet, was sie machen würde, wenn ich sie verlassen würde oder müßte, wobei sie sehr weinte und traurig war. Im Laufe der Zeit hat sie dies scheinbar wieder vergessen und hatte mich auch nie mehr darüber gefragt, wie ich dies meine oder sonstwas. Sie ist noch sehr naiv auf diesem Gebiet.

Wenn mir gesagt wird, daß die Rehdanz im Januar oder Anfang Februar einen anonymen Anruf erhielt, wo man ihr mitteilte, daß ich nicht mehr in Plauen bin bzw. in der DDR sei, so kann ich mir nicht vorstellen, wie dies zusammenhängen könnte. Ich von mir aus weiß jedenfalls, daß es nicht durch mich oder meine Veranlassung hin geschehen ist, wenn überhaupt dieser Anruf zutreffend ist. Da niemand durch mich etwas wußte, kann es von meiner Seite aus auch nicht geschehen sein.

Ich erfahre heute das erste Wort davon, daß die Rehdanz ihr Kind umgebracht hat. Ich war der Meinung, daß die Geburt jetzt im Monat April erfolgen müßte, da sie mir diesen Zeitpunkt so ungefähr mitteilte, und rechnete schon jeden Tag mit einem Brief, daß es soweit ist, wonach ich mich ohne weiteres hätte bei ihr sehen lassen.

Ich sehe keinen Grund, weshalb sie diesen Schritt unternahm, da ja noch gar nichts geklärt war, ob ich sie eines Tages doch noch heirate oder den Unterhalt für das Kind zahle usw. Ich sehe hinsichtlich des Verhaltens der Rehdanz in meiner Person keinerlei Schuld.«

Ihr wißt es aus eurer täglichen Arbeit selbst, daß die vielfältigen Beziehungen zu anderen Menschen und das Zusammenleben in den verschiedenen Kollektiven von großem Einfluß auf die Entwicklung junger Menschen sind. Sie werden durch die Teilnahme am sozialistischen Aufbau ständig wachsen und sich weiter vervollkommnen. Deshalb beurteilen wir junge Menschen nicht so sehr nach Äußerlichkeiten, sondern in erster Linie nach ihrer politischen Grundhaltung und ihren Leistungen für den gesellschaftlichen Fortschritt, nach ihrem Charakter und ihrem Verhalten, also nach ihren inneren Werten.

Erich Honecker

»12.4.1956

Betr. Anforderung einer Charakteristik über die Beschuldigte

Heute wurde in der Kindertagesstätte Schminkestr. 6 bei der Leiterin, Kollegin Noack, eine Beurteilung über die Beschuldigte Rehdanz angefordert, da dieselbe dort ab 1.7.1955 als Erzieherin beschäftigt war. Termin für 14.4.1956 wurde gestellt. Die Noack teilte zur Information noch mit, daß auch dort zweimal eine Frauensperson hinsichtlich der

Rehdanz angerufen hat. Trotz wiederholter Nachforschung wurde kein Name genannt.«

Auch im persönlichen Umfeld Lissy Rehdanz' wird nach Charakter und Persönlichkeit der jungen Frau gefragt: »Da die in der Vernehmung der Beschuldigten genannte Gericke, Rosemarie, zur Sache vernommen werden sollte, machte es sich erforderlich, ihren Aufenthalt festzustellen. Dabei ergab sich, daß sie seit dem 28.3.1956 nicht mehr in Plauen wohnhaft ist. Sie ist unter diesem Tag nach Quedlinburg (Harz), Bezirk Halle, abgemeldet.

Eine Rücksprache mit der Mutter der Gericke, Frau Meta Stückrath, wh.: Plauen, Mückenberger Str. 12, ergab, daß ihre Tochter Rosemarie Gericke als Schlagersängerin mit einer Kapelle nach Quedlinburg verzogen ist und erst voraussichtlich Ende April für kurze Zeit wieder nach Plauen zurückkehrt. Danach fährt sie wieder weg an die Ostsee auf Gastspielreise. Es wurde mit der Mutter vereinbart, daß sie ihre Tochter zur hiesigen Dienststelle schickt, wenn sie Ende April einmal in Plauen ist. Somit muß die Vernehmung der Gericke vorläufig entfallen. Die Vernehmung wird zum Vorgang nachgereicht.«

Tiritomba, Tiritomba,
Mandolinen und Gitarren hell erklingen,
Musikanten fröhlich singen.
Alle Burschen, alle Mädchen geh'n zum Reigen,
und mein Liebster ist dabei.

MARGOT ESKENS: »TIRITOMBA« (20 X TOP TEN 1956)

Die Beurteilung von Lissy Rehdanz als Kollegin von der Leiterin der Kindertagesstätte, Beate Noack, erfolgte (als einziges Blatt der Akte) handschriftlich:

»Betrifft: Kindergärtnerin Lissy Rehdanz, geb. am 17.4.1936

Die Kindergärtnerin Lissy Rehdanz ist seit 1.7.1955 im

Kindergarten Plauen, Schminkestr. 9, beschäftigt. In ihrer Arbeit mit den Kindern war sie konsequent und hatte mit der ihr anvertrauten Kindergruppe guten Kontakt. In ihrer Arbeit im allgemeinen war sie pünktlich; sie war sauber und ordentlich gekleidet. Zu den Eltern der Kinder hatte sie einen höfl. Ton.

Im Erzieherkollektiv reihte sie sich ein, das bestehende Verhältnis untereinander war ein gutes und offen, so sah sie sich genötigt, sich dem Kreis anzupassen. Schon nach kurzer Zeit machte sie zweifelhafte Aussagen über private Dinge. (Ob sie nun Phantasie, Wunsch, Traum, Wirklichkeit usw. waren, ist schwer zu sagen.) Sie verstieg sich darin immer mehr, so daß ihre Aussagen in ein und demselben Satz verschieden waren.

Machte man sie auf ihre zweifelhaften Aussagen aufmerksam, so brauste sie auf oder verdrehte die Sache nach unfr. L. R. bedient sich einer sehr gewandten Redeweise. Um nun die gesamte Erziehungsarbeit nicht zu stören, unterließen wir weiteres.

Was ihre Schwangerschaft anbetrifft, so verleugnete sie diese bis aufs Letzte. Ihr Verhalten war uns unverständlich, da sie unseren Augen nach nicht mehr dieselbe war. Im Gegenteil, wir ermahnten sie, Rücksicht auf ihren Zustand zu nehmen, was sie schroff zurückwies. (Motorrad fahren, zu dünne Perlonwäsche, schwer heben und tragen.)

Die im Kreis Plauen beschäftigten Klassenkameradinnen belog sie in frecher Art und Weise und begründete ihre Körperfülle mit Zuckerkrankheit. Da ihr Zustand offensichtlicher wurde, führte ich als Leiterin eine Aussprache wegen des Stellenplans herbei und machte sie dabei auf die Wichtigkeit desselben aufmerksam. Auch hier leugnete sie ihren Zustand.

Gesellschaftlich liegen keinerlei Betätigungen vor.«

Du sollst beim Aufbau des Sozialismus im Geiste der gegen-

seitigen Hilfe und der kameradschaftlichen Zusammenarbeit handeln, das Kollektiv achten und seine Kritik beherzigen.

Die 10 Gebote für den neuen sozialistischen Menschen

Durch die Strafverfolgung von Frauen, die abtreiben und abtreiben lassen, und derer, die diese Abtreibung vornehmen, sind die Frauen gezwungen, ohne ärztliche Unterstützung Abtreibungen vorzunehmen und eigene Methoden zu entwickeln und diese in Codes, wie zum Beispiel Liedern und Gedichten, weiterzugeben. Andere verheimlichen ihre Schwangerschaft, entbinden heimlich und töten ihr Kind. Tabuthemen, die literarisch seit Jahrhunderten für Furore sorgten: Goethe: *Faust* (1790), Hebbel: *Maria Magdalena* (1844), Hauptmann: *Rose Bernd* (1903), Marie Wegrainer: *Der Lebensroman einer Arbeiterfrau* (1914), Hans Hopfen: *Die Engelmacherin* (1921), Friedrich Wolf: *Cyankali* (1929), Franz Krey: *Maria und der Paragraph* (1931) – fürs DDR-Fernsehen verfilmt 1974.

Dass Mütter, die eigene Gesundheit nicht schonend, geborenes und ungeborenes Leben töten, erklärten DDR-Ideologen als Problem der kapitalistischen und überwundenen Gesellschaftsordnung. Doch bewiesen die Statistiken, dass Frauen mit ungewollter Schwangerschaft auch im Sozialismus vor unlösbaren Problemen standen. Es war also keineswegs nur ein Relikt der Ausbeutergesellschaft. So widmete sich die Fernsehserie »Der Staatsanwalt hat das Wort« am 15. August 1967 erstaunlich direkt diesen Tatsachen. Die Heldin der Folge *Busliesel* heißt Sabine Thein und ist junge Lehrausbilderin in einem Textilbetrieb. Sie pflegt gegen den Willen ihrer Mutter ein Verhältnis mit einem verheirateten Mann, das auch unter ihren Schülern diskutiert wird. Betriebliche Aussprachen helfen nicht. Sabine kündigt und nimmt eine schlechter bezahlte Tätigkeit als Näherin in der Firma des Herrn Lindenberg an. Beim Freizeitsport begegnet ihr Rüdiger Fliegner, mit dem sie sich ein gemeinsames Leben vorstellen kann. Doch bekommt sie vom ehemaligen Liebhaber ein Kind und verschweigt aus Scham und Angst ihre Schwangerschaft sowohl den Kolleginnen wie ihrer Mutter. Es kommt (fast) zur Katastrophe.

Der Staatsanwalt Dr. Peter Przybylski sieht die Schuld für eine solche Tat nicht bei der jungen Frau allein: »Die Starrköpfigkeit, mit der Sabine Thein ihre Schwangerschaft bestritt, stellte das Kollektiv, und besonders Herrn Lindenberg, vor nicht gerade einfache Probleme. Aber schon nach einer einzigen, psychologisch ziemlich fragwürdigen Auseinandersetzung wurde die ganze Sache als erledigt betrachtet. Hatte man es sich da nicht etwas zu leicht gemacht? Durfte man sich mit der Haltung Sabine Theins so einfach abfinden? War es denn ihre Privatangelegenheit, wenn sie ihre Gesundheit ruinierte, ärztliche Fürsorge, Schwangerschaftsurlaub und dergleichen zu umgehen suchte? Und wenn sie dadurch die normale Geburt ihres Kindes gefährdete? Natürlich sind jeder Auseinandersetzung, jeder Überzeugung Grenzen gesetzt. Nehmen wir einmal an, daß sie in unserem Falle erreicht gewesen wären. Selbst dann hätte sich für den Betriebsleiter noch immer eine äußerst widerspruchsvolle Situation ergeben, denn der Betriebsleiter ist zwar für den Gesundheitsschutz jedes einzelnen seiner Beschäftigten verantwortlich, er hat beispielsweise dafür zu sorgen, daß Schwangere keine körperlich schwere Arbeit verrichten und während der Zeit des Schwangerschaftsurlaubs dem Arbeitsprozeß überhaupt fernbleiben, aber er hat keine rechtliche Möglichkeit, eine höchstwahrscheinlich Schwangere zum Arzt zu schicken und sich Gewißheit über deren Zustand zu verschaffen. Es erhebt sich die Frage, ob hier nicht eine Bruchstelle in unserem Arbeits- und Gesundheitsschutz existiert.«

Bei allen Dingen liegt der letzte Maßstab für die Beurteilung nicht in den Handlungen selbst, sondern in den Motiven und den Absichten der Handelnden.

PUBLILIUS SYRUS

»19.4.1956

Vernehmung eines Beschuldigten

Aus der Untersuchungshaft vorgeführt, sagt die Beschuldigte Rehdanz, Lissy, mit dem Gegenstand ihrer Vernehmung bereits vertraut, zur Wahrheit ermahnt, zur Person und Sache folgendes aus:

Wenn ich heute noch zu einigen Punkten Angaben machen soll, so bin ich bereit, die an mich gerichteten Fragen zu beantworten und wahrheitsgemäß meine Aussagen zu machen.

Am Tattage hatte ich am Abend in meinem Zimmer Strickarbeiten durchgeführt. Ich saß im Sessel am Tisch und war mit dem Morgenrock bekleidet. In meinem Nähkasten befindet sich eine mittlere Schere. Außerdem habe ich noch eine kleine Schere ständig in der Tasche meines Morgenrockes stecken und auch eine Schachtel Streichhölzer, die ich zum Feueranmachen benötige. Der Morgenrock hängt, wenn ich ihn nicht trage, an einem Kleiderrechen an der Wohnungstür. Als sich dann bei mir, ich nehme an, Wehen einstellten und es auch zum Abgang des Fruchtwassers kam, stellte ich vorher die Strickarbeiten ein und räumte das Strickzeug weg. Nach Abgang des Fruchtwassers habe ich mich dann ins Bett gelegt und den Morgenmantel ausgezogen. Ich legte ihn vorn übers Deckbett.

Die Nabelschnur habe ich dann später mit der geschilderten kleinen Schere, die sich ständig im Morgenrock befindet, durchgeschnitten. Die Schere ist verhältnismäßig stumpf, und ich hatte ziemliche Mühe, sie durchzuschneiden. Die Schere hat mehr gehackt als geschnitten, zumal die Schraube, mit der die beiden Schenkel zusammengehalten werden, etwas locker ist. Zudem sind die Schnittflächen der Schere nicht sehr groß. Einen glatten Schnitt konnte man hinsichtlich der Nabelschnur nicht mit dieser Schere durchführen.

Meine Wohnungstür verschließe ich nie. Ob ich mich im Zimmer aufhalte oder die Wohnung verlasse, lasse ich die Tür immer unverschlossen. Ich habe auch die Türe zur Tatzeit bzw. vorher nicht abgeschlossen oder abgeriegelt. Der Schlüssel steckt immer außen an der Tür.

Ich habe während meiner gesamten Schwangerschaft keinen Arzt aufgesucht und habe auch keine Zusatzkarten empfangen bzw. bezogen. Ich war auch nicht in der Mütterberatungsstelle oder in der Poliklinik zur ärztlichen Untersuchung, wonach ich eine Zusatzkarte erhalten hätte.

Ich habe deswegen keinen Arzt aufgesucht und keine Karten bezogen, weil ich mich schämte und niemandem von meinem Zustand etwas sagen wollte.

Als ich damals die Sache meinen Eltern anvertraute, kam es auch zum Gespräch über das Aufsuchen eines Arztes. Mein Vater sagte, daß ich doch weder zu Dr. Spitzner noch zu Dr. Oertel gehen könnte, da sie ihn alle kennen würden, und daß es doch eine Schande wäre. Deshalb habe ich es auch unterlassen, mich an einen Arzt zu wenden.«

Du sollst sauber und anständig leben
und Deine Familie achten.
DIE 10 GEBOTE FÜR DEN NEUEN SOZIALISTISCHEN MENSCHEN

»Über den anonymen Anruf, der in die Kinderkrippe kam, wo ich arbeitete und wo man mir mitteilte, daß Wendt nicht mehr in Plauen bzw. nicht mehr in der DDR sei, habe ich mir schon die ganze Zeit den Kopf zerbrochen. Ich kann mir niemand denken, wer der Anrufer war. Es muß sich nach meinem Dafürhalten um eine schon etwas ältere Frauensperson gehandelt haben. Ich schätzte sie der Stimme nach nicht mehr zu den Jüngsten.

Von meinem Zustand hatte ich nur meinen Eltern und meiner Schwester Mitteilung gemacht bzw. auch meinem Bruder. Von dieser Seite aus hat mich aber keiner angerufen, dies kann ich mit Bestimmtheit sagen. Dann wußte es ja noch der Wendt. Ob er sich mit jemand darüber aussprach oder unterhielt, entzieht sich meiner Kenntnis. Die Rosemarie Gericke wußte es nicht. Ich war mit ihr seitdem nicht mehr zusammen gewesen.

Wenn ich gefragt werde, ob ich Wahrnehmungen oder Feststellungen bei der Ausführung des Geschlechtsverkehrs mit Wendt dahingehend machte, ob er Schutzmittel verwandt hat oder nicht, so muß ich darauf sagen, daß ich darauf keine Obacht gegeben habe. Ich kann also nicht sagen, hatte er Schutzmittel verwendet oder hatte er keine verwendet. Ich habe nicht festgestellt, ob er diese anlegte oder nach dem Verkehr jeweils ablegte. Vom Gartenhaus aus sind wir dann gemeinsam nach Hause gegangen. Vorher war Wendt nicht einmal für kurze Zeit aus dem Gartenhaus gegangen.

Ich weiß jedoch genau, daß ich in der fraglichen Zeit außer mit Wendt an diesem Abend sonst mit keiner anderen Person Geschlechtsverkehr hatte. Seit 1952, als ich von der Schule aus Pirna zurückkam, hatte ich bis zu diesem Tage mit Wendt vorher keinen Verkehr mit irgendeinem Manne gehabt. Auch danach hatte ich bis zum heutigen Tage mit keinem Manne Geschlechtsverkehr gehabt.

Es stimmt, daß ich mich schon Jahre vorher mit meiner Mutter darüber unterhielt, daß ich Kinder sehr gern habe, und wenn ich einmal keine bekommen sollte, mir ein Kind annehmen würde, daß ich einmal eines Kindes nie wegen heiraten würde, wenn die anderen Bedingungen für eine gute Ehe nicht zutreffen usw.

Ich habe auch meinen Beruf als Erzieherin sehr gern und gewissenhaft ausgeführt und hing an meinem Beruf, ja, ich kann sagen, daß ich in meinem Beruf aufgegangen bin.

Wenn ich nun gefragt werde, wie ich mir dann meine

Handlung erkläre und was die Ursachen waren, daß ich mich zu einer solchen Handlung hinreißen ließ, kann ich darauf nur sagen: Nach wie vor haben die meiner Mutter gegenüber gemachten Äußerungen, wie ich sie vorstehend anführte, volle Gültigkeit. Ich befand mich aber bei der Durchführung meiner Handlung in einer Lage, die ich nicht zu schildern in der Lage bin.

Etwa 14 Tage vor der Tat war der anonyme Anruf gekommen, daß Wendt nicht mehr in der DDR sei. Ich glaubte im Moment nicht daran, kam dann aber in den nächsten Tagen zu dem Schluß, daß er doch fortgezogen sein muß, da er sich bei meinen Eltern nicht sehen ließ, ich ihn nicht mehr sah, er auch nicht zu mir kam usw. Diese Tage bis zur Tat waren dann furchtbar für mich, ich war einfach verzweifelt, anders kann ich mich jetzt nicht ausdrücken. Von diesen Tagen ab erst kamen mir die tollsten Gedanken hinsichtlich der Geburt des Kindes, welche bevorstand und immer näher rückte. Ich weiß heute selbst nicht mehr, was ich alles gedacht habe bzw. was mir alles durch den Kopf schwirrte.«

Meine Ruh' ist hin, mein Herz ist schwer,
ich finde sie nimmer und nimmermehr.
JOHANN WOLFGANG GOETHE: *Faust I*

»Eine weitere Überraschung war dann die verhältnismäßig schnelle Geburt des Kindes. In den Tagen der Verzweiflung hatte ich mir noch kein festes Ziel gesetzt, was ich mit dem Kind machen werde, habe aber doch unwillkürlich den Gedanken in Erwägung gezogen, daß es besser ist, wenn das Kind nicht am Leben bleibt.

Wie ich dies jedoch mache, wenn es soweit ist, also Einzelheiten, habe ich mir dabei jedoch nicht zum Ziele gesetzt.

Als dann die überraschende Geburt einsetzte, steigerte sich die Atmosphäre, in der ich mich befand. Ich kann mich nicht darauf besinnen, daß ich klare Gedanken fassen konnte oder hatte während der Geburt oder kurz nach der Geburt selbst. Ich kam erst wieder zur völligen Besinnung, als ich das Kind tot bzw. regungslos vor mir liegen hatte. Die Stunden und Tage danach waren genauso verzweifelt wie die Tage vorher, vielleicht noch schlimmer. Bis mich dann das Gewissen am 28.3.1956 nach Hause zu meinen Eltern trieb, wo ich ihnen alles erzählt habe. Ich habe mir denken können, daß irgendeine Entscheidung seitens meiner Eltern getroffen wird, welche wußte ich noch nicht. Ich hatte zunächst einmal das Verlangen, mich mit einem Menschen darüber auszusprechen, damit ich etwas erleichtert war. Den Weg, den mein Vater dann beschritten hat, halte ich heute auch für den richtigen und besten, denn nur so kann ich wirklich meine Tat wiedergutmachen, und es besteht dadurch die richtige und einzigste Möglichkeit, meine Handlungsweise entsprechend zu sühnen.«

Du sollst Deine Kinder im Geiste des Friedens und des Sozialismus zu allseitig gebildeten, charakterfesten und körperlich gestählten Menschen erziehen.

Die 10 Gebote für den neuen sozialistischen Menschen

»Ich hatte mir bereits Windeln und Einschlagtücher, 6 Jüppchen und ein Kinderwagenunterlagetuch (Wolltuch) gekauft. Die anderen Sachen, die man noch benötigt, wollte ich mir dann später entsprechend passend noch anschaffen. Um einen Kinderwagen, Stubenwagen oder Badewanne usw. hatte ich mich noch nicht gekümmert.

Obwohl mir Wendt einmal zu verstehen gab, daß er die ganze Sache von Anfang an mehr als ein Abenteuer betrachtete, hatte ich später, als er mit meinen Eltern und auch nochmals mit mir gesprochen hatte, doch immer noch die Hoffnung, wenn auch vielleicht nur die stille Hoffnung, in mir, daß er sich die Sache überlegt und alles letzten Endes noch gut wird und ausgeht, zumal ich ihn bestimmt liebgewonnen hatte, also gern hatte und mir ein Zusammenleben mit ihm bestimmt hätte vorstellen können.

Ich möchte sagen, daß erst dann alles in mir völlig zerbrach, als ich diesen anonymen Anruf erhielt und selbst der Überzeugung wurde, daß er tatsächlich wegen dieser Sache die Republik verlassen hat. Dann also wurde ich völlig kopflos und verzweifelt.

Ich möchte heute sagen, daß es nicht zu dieser Tat gekommen wäre, wenn dieser Anruf nicht gekommen wäre. Ich hätte mich dann bestimmt beherrscht und hätte eben in der Hoffnung, daß noch einmal alles gut wird, alles ertragen und das Kind lebend zur Welt gebracht bzw. mein Verhalten so eingerichtet, wie ich dies schon immer vorher meiner Mutter gegenüber zum Ausdruck brachte, daß ich mich dann eben allein mit dem Kind durchschlage.

Auch in der Kinderkrippe habe ich die Schwangerschaft den Angestellten gegenüber aus Scham und Schande, die über mich kommen könnte, nicht eingestanden und habe bis zuletzt bestritten, daß ich schwanger sei.

Ich habe nichts verheimlicht, verschwiegen oder entstellt. Ich sagte in allen Punkten die Wahrheit und erwarte meine gerechte Strafe.«

Der Abschlussbericht schließt: »Die Beschuldigte hat sich wegen dieser Handlung vor einem demokratischen Gericht zu verantworten. Dieses Gericht wird alle entlastenden und belastenden Momente prüfen und ein gerechtes Urteil fällen.« Am 3. Mai 1956 übergibt die Kriminalpolizei die Akten im Mordfall der getöteten Neugeborenen, Stefanie Rehdanz, der Staatsanwaltschaft. Die Mutter bleibt bis zur Verhandlung in Haft. Der Termin wird auf den 14. Mai 1956 festgelegt. »Wegen Gefährdung der Sittlichkeit« bleibt die Öffentlichkeit vom Prozess ausgeschlossen.

Marie Farrar, geboren im April
gestorben im Gefängnishaus zu Meißen
Ledige Kindsmutter, abgeurteilt, will
Euch die Gebrechen aller Kreatur erweisen.
Ihr, die ihr gut gebärt in saubren Wochenbetten
und nennt »gesegnet« euren schwangren Schoß
wollt nicht verdammen die verworfnen Schwachen
Denn ihre Sünd war groß, doch ihr Leid war groß.
Darum ihr, ich bitte euch, wollt nich in Zorn verfallen
Denn alle Kreatur braucht Hilf von allen.

Bertolt Brecht: *Von der Kindsmörderin Marie Farrar*

»Anklageschrift

Die ehemalige Erzieherin Lissy Rehdanz klage ich an, das Leben eines Menschen vernichtet zu haben. Am 17.3. gegen 23.45 Uhr hat die Beschuldigte in ihrer Wohnung in Plauen unmittelbar nach der Geburt ihr nichteheliches Kind getötet, indem sie mit der Hand das Federbett auf das darunterliegende Kind gedrückt hat. Am 23.3.56 vergrub sie die Kindesleiche im elterlichen Garten in der Nähe des Schwimmstadions in Plauen.« Dafür beantragt der Staatsanwalt für Lissy Rehdanz 15 Monate Haft und führt weiter aus:

»Die scheinheilige bürgerliche Moral im Kapitalismus brandmarkte die nichteheliche Mutter und das nichteheliche Kind. Zur Aufrechterhaltung der bürgerlichen Moral wurde auch von der kapitalistischen Gesetzgebung das nichteheliche Kind gegenüber dem ehelichen zurückgesetzt. Diese Moralanschauung hat sehr viel Elend über diese Mütter und Kinder gebracht. In der Deutschen Demokratischen Republik wurde durch die fortschrittliche Gesetzgebung die Gleichberechtigung des nichtehelichen mit dem ehelichen Kind verwirklicht. Dieser humane Grundgedanke entspricht den moralischen Anschauungen der werktätigen Arbeiter und Bauern. Nicht nur in der Gesetzgebung wurde diese Gleichberechtigung durchgesetzt, sondern es wurden in der DDR auch die materiellen Voraussetzungen geschaffen, daß die Mutter ihr nichteheliches Kind sorgenfrei gebären und aufziehen kann. Es gibt jedoch noch Menschen, auch in unserer volksdemokratischen Ordnung, die die volle Tragweite dieser richtigen Gesetzgebung und richtigen Moralanschauung der Werktätigen verkennen. Diese Menschen hängen am Überlieferten und sind ängstlich darauf bedacht, daß der gutbürgerliche Ruf ihrer Familie durch die Tatsache des nichtehelichen Kindes nicht ins Wanken gerät. Diesen im Bewußtsein zurückgebliebenen Menschen muß immer wieder vor Augen gehalten werden, daß es das Recht einer jeden Mutter ist, stolz auf ihr Kind zu sein und die Mutterfreuden in vollem Umfange wahr haben zu können. Diese überholten Anschauungen waren auch der geistige Urheber dieser Strafsache.«

Lissys Verteidiger sucht nach Argumenten der Entlastung seiner Mandantin. »In der Strafsache gegen Lissy Rehdanz begründe ich meinen bereits mündlich gestellten Beweisantrag auf Vernehmung des Chefarztes der Nervenabteilung des Stadtkrankenhauses Plauen, Herrn Dr. Gebhaus, wie folgt:

Die Angeklagte hatte zu Hause unter äußerst mißlichen Verhältnissen gelebt und war aus diesem Grunde ausgezogen. Sie lebte allein in einem Einzelzimmer und litt in ihrem Zustand sehr unter der Einsamkeit. Als die Geburt vollendet war, war sie offensichtlich in einer seelischen Verfassung, welche sie die Folgen ihrer Handlung nicht absehen ließ. Die Zuziehung des Psychiaters ist daher erforderlich.«

Dem Antrag stimmt der Gerichtshof zu und hört zum Fall Dr. Erich Gebhaus, der für verminderte Schuldfähigkeit plädiert, da sich die Angeklagte in einer für sie schier ausweglosen Situation befand. Auch die Aussagen der Eltern vor Gericht verdeutlichen die Zwangslage der Angeklagten.

Lissy: »Meine Mutter hat mal gesagt, für das Geld, was das jetzt kostet, hätten wir unseren Hund in die Hundeklinik geben können.«

Mutter: »Lissy ist sehr selbständig. Sie ist genauso erregt wie ihr Vater. Wenn meine Tochter geschlagen worden ist, bin ich meist dazwischen getreten, und da habe ich auch welche mit bekommen.«

Vater: »Für mich steht meine Praxis stets an erster Stelle. Es stimmt, daß meine Tochter Lissy zweimal aus dem Hause gegangen ist. Meine Tochter ist etwas starrköpfig. Sie ist tüchtig im Beruf, und das Eintreten in ein gewisses Pubertätsalter hat sie einstweilen dazu verleitet, daß sie mitunter die ›große Fresse‹ gehabt hat. Sie mögen von mir nicht viel Gutes gehabt haben, aber meine Kinder sind alles brauchbare Menschen. Meine Frau hat sich wohl bei dieser Auseinandersetzung mit hineingemischt, und in solch einer Stimmung habe ich dann gesagt: ›Pack dein Gelump, um 6 biste naus!‹ Es ist vielleicht so, daß mir von der Schwangerschaft in einem unpassenden Moment gesagt worden ist, und es ist leider so, daß die Momente, wo mir etwas gesagt werden kann, ohne daß ich explodiere, sehr wenig sind. Die Schuld liegt nicht bei meiner Frau und meiner Tochter, der dickste Schädel liegt aber bei mir. Ich bemühe mich auch, das abzustellen, aber es gelingt mir nicht immer. Ich kann einen Menschen durch meine Worte sehr treffen. Es stimmt, daß ich meine Tochter einmal mit einem niedrigen Bastard verglichen habe. Im November erlangte ich von der Schwangerschaft Kenntnis, im Januar sprachen wir darüber. Ich habe mich hinter übergroßer Härte versteckt. Ich habe ihr einmal hingeschmissen, ob sie nicht den Mut finden würde, sich das Leben zu nehmen. Ich habe darauf gewartet, daß meine Tochter zu mir kommt. Das Familienleben ist durch meine Schuld nicht gut.«

Mutter: »Daß meine Tochter schwanger ist, habe ich wohl schon länger gemerkt, aber ich habe es nicht für möglich gehalten, weil die Menstruation weiterging, und sie hat mir selbst nichts gesagt. Ich habe dann mal gefragt und habe auch noch gesagt, hoffentlich ist es von keinem verheirateten Mann. Ich habe meine 17-jährige Tochter zu Lissy hingeschickt. Mein Mann hat es mir nicht verboten, hinzugehen, aber ich bin aus

Angst nicht gegangen. Es gab schon so viele Situationen, wo ich dann darunter leiden mußte. Ich hätte es vielleicht doch tun sollen. Ich habe meiner Tochter Lissy auch einmal was zu essen geschickt und habe es meinem Mann dann gesagt, und dann sind wieder harte Worte gefallen. Nach dem Gespräch ist der Wendt bestellt worden. Er war sehr vernünftig. Er sagte, ich kann es mir zwar nicht denken, aber es wird schon so sein, hätte ich das eher gewußt, hätte ich mich mehr um sie gekümmert.«

In Abwägung aller Lissy Rehdanz entlastenden Fakten schließt der Verteidiger sein Plädoyer mit der Forderung: Freispruch.

Das männliche Wesen ist in der Grundlage schroff, ja hart; es ist durch das Denken mehr zur Gerechtigkeit neigend als zur Liebe; in rücksichtslosem Willensdrange drängt es oft vorwärts, ohne das Gefühl zu beachten. So hätte, falls nur das Männliche in der Menschheit Herrscher gewesen wäre, aller Geist nicht hingereicht, um eine echte Gesittung hervorzubringen. Es wäre ein geistig glänzendes Barbarentum entstanden.

Otto Leixner: *Ungehaltene Reden eines Ungehaltenen*

»Urteil im Namen des Volkes

In der Strafsache gegen die am 17. April 1936 in Plauen geborene Erzieherin Lissy Maria Thekla Rehdanz, wohnhaft in Plauen, Darwinstraße 4, wegen Kindestötung hat die Strafkammer des Kreisgerichts Plauen-Stadt in ihrer Sitzung vom 14. und 17. Mai 1956 für Recht erkannt:

Die Angeklagte Rehdanz wird wegen Kindestötung nach §217 StGB zu 15 Monaten Gefängnis verurteilt. Die Untersuchungshaft wird ihr vom 28.3.1956 auf die erkannte Strafe angerechnet. Sie hat die Auslagen des Verfahrens zu tragen.

Begründung:

Wenn die Strafkammer dem Antrag des Staatsanwaltes gefolgt ist und auf eine Gefängnisstrafe von 15 Monaten erkannte, so darum, weil verschiedene Strafmilderungsgründe vorhanden sind. Es muß beachtet werden, daß die Angeklagte sich in einem sehr erheblichen seelischen Zwiespalt während ihrer gesamten Schwangerschaft befand, sie hat nach einem Menschen gesucht und ist letzten Endes immer wieder zum Elternhaus zurückgekehrt, wo sie Streitigkeiten erlebte oder Vorwürfe bekam. Es war auch zu beachten, daß die Vorhaltungen ihres Vaters sehr erniedrigend waren. Dadurch wurde der seelische Zustand der Angeklagten wesentlich beeinflußt, der auch während der Tat zerrüttend auf sie wirkte. Es wurde jedoch von der Strafkammer abgelehnt, der Angeklagten den §51 Abs. 2 StGB (geistige Unzurechnungsfähigkeit) zuzubilligen. Der Sachverständige Dr. Gebhaus hat in seiner ersten Ausführung in der Hauptverhandlung die volle Zurechnungsfähigkeit bejaht. Nachdem die Eltern vernommen worden waren, erklärte er, daß man der Angeklagten den §51 zubilligen müßte, da sie zur Zeit der Tat nicht vollständig in der Lage war, das Unerlaubte ihrer Handlung erkennen zu können. Die Strafkammer ist der Ansicht, daß es sich bei der Tat um keine sogenannte Kurzschlußhandlung handelt, sondern daß ein bestimmter Vorsatz schon bereits während der Schwangerschaft gefaßt worden ist. Es ist ohne weiteres möglich, daß dieser Vorsatz während der Geburt endgültig ausreifte. Der Angeklagten wurden jedoch mildernde Umstände im Sinne des §213 StGB zugebilligt. Es ist bereits erwähnt, welche Gründe dafür sprachen. Der §213 StGB konnte angewandt werden, da er in der Beachtung unserer Verfassung die Gleichberechtigung zwischen einer Mutter eines ehelichen Kindes und einer Mutter eines nichtehelichen Kindes herbeiführt. Es würde der Gleichberechtigung widersprechen, wenn nur der §217 StGB beachtet werden würde und der §213 für die Angeklagte keine Anwendung findet.

Dem Antrag der Verteidigung konnte die Strafkammer nicht folgen, da trotz aller mildernden Umstände ein hoher gesellschaftlicher Schaden vorhanden ist. Die ausgeworfene Strafe ist auch notwendig, um eine Umerziehung der Angeklagten herbeizuführen. Wie bereits erwähnt, sollte sie nicht nur bemüht sein, sondern besonders die gesellschaftlichen Zusammenhänge erkennen, daß sie nach ihrer Haftentlassung noch mehr in den demokratischen Organisationen arbeitet, insbesondere in der Frauenbewegung, um alle Mütter in ihrem Kampf um die Gleichberechtigung zu unterstützen. Ihre Tat erfolgte, weil es in der Deutschen Demokratischen Republik noch Menschen gibt, die an rückschrittlichen Auffassungen festhalten und hinsichtlich der Menschen noch Unterschiede machen. Der Vater hat in der Hauptverhandlung keinen günstigen Eindruck hinterlassen. Das Gericht hofft jedoch, daß er auch in Zukunft einige Lehren aus dieser Verhandlung zieht. Besonders als Arzt sollte er dafür eintreten, daß jeder Mensch als gleichwertig geachtet wird, unabhängig von seiner Geburt. Er war früher Mitglied der NSDAP und hat sich von der nazistischen Ideologie noch nicht restlos befreit.«

Der Sohn soll nicht tragen die Schuld des Vaters, und der Vater soll nicht tragen die Schuld des Sohnes, sondern die Gerechtigkeit des Gerechten soll ihm alleine zugute kommen, und die Ungerechtigkeit des Ungerechten soll auf ihm liegen.

Die Bibel: Ezechiel 18,20

Die Verteidigung der Lissy Rehdanz und sie selbst erheben gegen das Urteil keinen Einspruch, es wird am 25. Mai 1956 rechtskräftig.

Im Fernsehspiel um die Schwangerschaft der Sabine Thein kommt es zu keinem Strafprozess, denn in letzter Minute konnte die junge Frau vor einer Gewalttat abgehalten werden. Auch in ihrem Falle werden überkommene Moralauffassungen mitverantwortlich gemacht, die sie in die hoffnungslos empfundene Lage brachten. In seinem Resümee spricht der sozialistische Anwalt Dr. Peter Przybylski: »Sabine Thein wurde von einem kräftigen Jungen entbunden. Unter einer Flut von Tränen gestand sie, daß sie die Absicht hatte, ihr Neugeborenes zu töten. Ihrer Freundin und Kollegin Änne Winkler hatte Sabine es zu danken, daß sie vor einem furchtbaren Verbrechen und vor harter Strafe bewahrt blieb. Der Mensch neben ihr, sein Schicksal, sein Lebensweg war Änne Winkler nicht gleichgültig gewesen. Wie viele andere Bürger unserer Republik zählt Änne Winkler zu jenen zahllosen ungenannten Anwälten unseres Rechts, die schon heute den Weg dahin bahnen, wo die Verhütung von Verbrechen die Regel und ihre Begehung die Ausnahme sein wird. Sabine Thein war zwar von juristischer, aber nicht von moralischer Schuld freizusprechen. Sie wußte, daß unser Staat, unsere Gesellschaft keinen Unterschied in der Förderung von Mutter und Kind machen, gleich ob das Kind aus ehelicher oder außerehelicher Empfängnis stammt. Sabine schlug die Hilfe der Gesellschaft aus und suchte, ihren Konflikt ohne und gegen die Gemeinschaft zu lösen. Niemand sollte dabei aber auch verkennen, daß ihre persönliche Situation schwer und schmerzlich war. Die engstirnige Erziehung der Mutter hatte zur völligen Entfremdung der beiden geführt, nach ihren antiquierten Moralauffassungen mußte Sabine ein außereheliches Kind als Schande empfinden. Der Vater des Kindes, Erich Rudolph, schließlich bestärkte durch sein brutales Verhalten Sabine noch in ihrem Entschluß, das Kind zu beseitigen. Solche Auffassungen zum außerehelich geborenen Kind bleiben weit hinter dem geistig-moralischen Profil unserer Gesellschaft zurück. Deshalb hat auch ein besonderer Tatbestand der Kindestötung, für den grundsätzlich eine mildere Strafe als für Mord oder Totschlag angedroht ist, keine Berechtigung mehr in unserem Strafrecht. Diese Bestimmung aus dem Jahre 1871 sollte der wirtschaftlichen und seelischen Notlage der nichtehelichen Mutter Rechnung tragen. Die materielle Seite dieses Problems haben wir längst gelöst. Die ideologische vielleicht nicht restlos. Im Familiengesetzbuch haben wir das außerehelich geborene Kind mit dem ehelichen auch juristisch gleichgesetzt.

Wir haben mit der absurden Konstruktion des bürgerlichen Gesetzbuchs gebrochen, nach der das außerehelich geborene Kind mit seinem eigenen, leiblichen Vater als nicht verwandt galt. In unserem künftigen Strafgesetzbuch wird die Kindestötung in ihrer Schwere dem Mord oder dem Totschlag gleichgestellt sein. Das sind wir der Achtung des Lebens in der heutigen Stufe unserer Gesellschaft schuldig. Denn das höchste, was der Mensch, auch der neugeborene, besitzt, ist das Leben.«

Intensivtäter oder Falsche Ideale

Die Fälle Guido Lorenz und Gisbert Küttner, u. a. Karl-Marx-Stadt 1965

I. Oberfrohna: Schröderstraße 16

Jeder rechtliche Mensch ist verpflichtet, Mißhandlungen gegen alte und schwache Personen zu unterdrücken, und die an ihnen ausgeübte Schändlichkeit zu bestrafen. Das, was Sie jetzt eben thaten, und ich würde mich an Ihrer Stelle schämen, eine so alte wehrlose Person, die noch dazu weiter nichts verbrochen hat, auf ähnliche Art zu behandeln.

Karl Stülpner

Gisbert Küttner »wurde wieder asozial, stand und handelte unter mehr oder minder ständig stärkerem Alkoholeinfluß, so auch am 19.3.1965. Es hatte sich in ihm aus seiner verfahrenen Lage heraus ein innerer Unwille, ein Ingrimm, etwas ich Drückendes und zugleich Aggressives herausgebildet, das ihn beschwerte, von dem er sich befreien wollte: ›Entweder besaufen oder auf einen anderen Menschen einschlagen.‹ Zugleich stand er unter stärkerem geschlechtlichen Triebspannungen, da ihm die Ehefrau den Verkehr verweigerte, er zu keiner anderen Frau gefunden hatte und mit der zwischenzeitlichen Monotonie nicht voll erfüllt blieb. So wollte er am Tattag eine frühere Freundin aufsuchen und macht sich auf den Weg vom heimatlichen Hartmannsdorf nach Oberfrohna.«

Wanderführer empfehlen die Wege im Chemnitzer Umland, und Gisbert Küttners Ziel, Oberfrohna, liegt idyllisch: »Längs eines Bächleins im Schutze einer flachen Thalsenkung hatten die ersten Ansiedler einfache Wohnstätten errichtet. Bald war von ihnen einiges Feld urbar gemacht; auf der Waldwiese weidete Vieh. Das dichte Gestrüpp und Gehölz lichtete sich durch das Thal hin. Weiler entstanden, schließlich Gehöfte und um sie mancherlei Pflanzung, Grasgärten und Ackerfurchen.« Eingemeindungen erhoben das Dorf 1935 zur Stadt, die Gebietsreform von 1950 vereinigte Oberfrohna mit Limbach. Die Textilindustrie bestimmte jahrzehntelang den Ruf der Stadt. Heinrich Mauersberger verewigte den Namen mit seinem innovativen Nähwirkverfahren zur Marke *Malimo*: »Malimo hat Weltniveau!«

Der Doppelort Limbach-Oberfrohna ist »auf der zwischen Mulde- und Chemnitzfluß nach Westen zu sich abdachenden, wellenförmigen Hochebene gelegen«. Wander- und Radwege der Gegend führen an Flussufern entlang, durch Wälder, vorbei an Schlössern, Burgen und Industrieruinen. Für die malerische Landschaft und ihre Sehenswürdigkeiten wird Gisbert Küttner an jenem Tage keinen Blick gehabt haben. »Auf dem Weg entdeckte er, daß seine Schuhe schmutzig waren, bat einen Unbekannten um ein Tuch zum Reinigen, dann um Feuer für eine Zigarette.«

Die Anzeige wird am Freitagnachmittag, den 19. März 1965, gestellt und löst »Ermittlungen gegen unbekannt« aus. Denn »der Schlosser

Name:	Vohs, Waldemar
geb.:	22.9.1930
wh.:	Limbach-O., Schröderstr. 16
Arbeitsstelle:	VEB Spezialnähmaschinenwerk II, Limbach-Oberfrohna, Helenenstraße 57

zeigt fernmündlich an:

Am 19.3.1965, gegen 16.00 Uhr wurde in einem Werkstattraum im Hausgrundstück Limbach-Oberfrohna, Schröderstr. 16, der Böttchermeister

Name: Vohs, Wilhelm
geb.: 26.10.1883
wh.: ebd.

von einer unbekannten männlichen Person mit einer Bierflasche grundlos auf den Kopf geschlagen, so daß Vohs kurze Zeit bewußtlos war und danach in das Krankenhaus Limbach-Oberfrohna eingeliefert wurde.

Vohs gibt an, daß es sich bei dem Niedergeschlagenen um seinen Vater handelt und kann nur folgende Angaben dazu machen. Sein Vater habe sich in der Werkstatt befunden, und gegen 15.45 Uhr sei eine unbekannte Person, etwa 27 Jahre alt und von kräftiger Gestalt, gekommen, welche Feuer zum Anzünden einer Zigarette verlangt habe. Da sein Vater einige Flaschen Bier dort stehen hatte, habe der Fremde ihm eine abgekauft und dort getrunken. Dann habe der Fremde ein Beil in die Hand genommen, und da dieser betrunken war, habe sein Vater ihm das Beil weggenommen. Kurz danach habe der Fremde dann mit der Bierflasche auf den Kopf geschlagen. Einen Grund dafür kann Vohs nicht angeben. Der Fremde sei dann weggelaufen. Er selbst habe telefonisch davon Kenntnis erhalten und sei dann mittels Pkw schnell nach Hause gefahren. Dort habe er bei seinem Vater eine Beule am Kopf festgestellt und Abschürfungen an der rechten Hand und am rechten Arm. Obwohl sein Vater ansprechbar gewesen sei, habe er ihn vorsichtshalber ins Krankenhaus gefahren, wo er wahrscheinlich zur Beobachtung bis übers Wochenende bleiben soll. Einen Hinweis auf den Täter kann Vohs nicht geben.«

Oberarzt Dr. Klaus vom Krankenhaus in Limbach-Oberfrohna »gibt an, daß der Patient Vohs am 19.3.1965, gegen 16.15 Uhr, in das Krankenhaus eingeliefert und ihm vorgestellt wurde. Der Patient habe trotz des Alters von ca. 83 Jahren einen ziemlich rüstigen Eindruck gemacht. Er habe sachliche Angaben gemacht über den Vorfall und dabei mitgeteilt, daß er zu Hause nach dem Vorfall kurze Zeit bewußtlos gewesen sei.

Seine Untersuchung habe ergeben, daß keine Anhaltspunkte für eine erlittene Gehirnerschütterung vorliegen. An der rechten Stirn-Schläfenseite befindet sich ein Bluterguß mit Beule. Am vierten Finger der rechten Hand befindet sich eine tiefe Schnittwunde und am rechten Unterarm mehrere Kratzeffekte sowie eine geringe Schwellung. Der Arm soll noch geröntgt werden. Der Patient bleibt noch einige Tage zur Beobachtung im Krankenhaus. Im Schnurrbart des Patienten befanden sich geringe Blutspuren, die wahrscheinlich von der blutenden Hand herrühren.«

Die Polizei befragt das Opfer Wilhelm Vohs: »Der unter Betreff Genannte wurde im Krankenhaus aufgesucht. Er macht seinem Alter entsprechend verhältnismäßig klare Angaben. Vohs erklärt, daß er sich am 19.3.1965 in der Werkstatt seiner früher betriebenen Böttcherei befand, um eine kleine Reparatur auszuführen. Es könne dann zwischen 15.00 Uhr und 16.00 Uhr gewesen sein, als ein unbekannter Mann in den Hof des Grundstückes kam und Feuer für eine Zigarette verlangte. Diese Person sei offensichtlich stark betrunken gewesen, da sie torkelte. Feuer habe er selbst ihm dann gegeben. Dann kam der mit im Hause wohnende Bürger Mollenhauer hinzu, der den Hausflur des Wohnhauses säuberte.

Der Unbekannte habe dann seine Zigarette geraucht und sei zu ihm gekommen. Er habe dort eine Tasche mit 4 Flaschen Bier stehen gehabt, und der Unbekannte habe sich eine Flasche aus der Tasche genommen, dann eine dem Mollenhauer gegeben und auch ihm selbst. Die eine Flasche, die der Unbekannte selbst trank, habe er ihm mit einer Mark bezahlt. Die anderen Flaschen aber nicht. Dann habe dieser sich vom Hackklotz ein Beil genommen. Dasselbe habe er dem Unbekannten mit der Bemerkung

›Laß, du bist doch nicht ganz normal!‹ weggenommen und unter die Werkbank gelegt. Der habe aber erwidert: ›Was, ich bin nicht normal?‹ Danach habe dieser noch einen herumliegenden großen Hammer genommen und damit auf den Amboß geschlagen, so daß Funken flogen. Er habe ihm dies verboten, wobei der Unbekannte gesagt habe, daß er selbst Schmied sei. Als der Unbekannte dann noch eine zweite Flasche Bier für sich nehmen wollte, habe er ihm das versagt.

Wie es dann gekommen sei, könne er nicht genau sagen, jedoch habe er plötzlich einen Schlag auf den Kopf erhalten und sei zu Boden gefallen. Er habe es zwar nicht gesehen, daß der Unbekannte ihm eine Flasche auf den Kopf schlug, jedoch könne es gar nicht anders sein. Gesehen habe er es vermutlich nicht, da der Unbekannte zu dieser Zeit neben ihm gestanden habe und er selbst sehr kurzsichtig ist.

Während er dann wahrscheinlich nur kurze Zeit bewußtlos war, muß der Unbekannte gegangen sein. Er selbst sei später in seiner Wohnung gewesen, um sich zu waschen, da er stark blutete. Als er dann wieder in die Werkstatt ging, um seine verloren gegangene Brille zu suchen, habe er dann auch die Scherben einer zerschlagenen Bierflasche liegen sehen. Dort sei sein Sohn gekommen, der ihn mittels eines Autos ins Krankenhaus brachte.«

Der Täter sei etwa 27 Jahre alt, habe eine kräftige Gestalt und einen rohen Gesichtsausdruck. An weitere Einzelheiten kann sich Wilhelm Vohs nicht erinnern, glaubt aber, die Person bei einer Gegenüberstellung wiedererkennen zu können.

Anhaltspunkte, die auf die Identität des Täters wiesen, kann die Aussage des Wilhelm Vohs nicht liefern. Auch das Motiv der Körperverletzung bleibt ohne Gründe, wenn die nicht nur in alkoholischer Verneblung lagen. Zunächst befragt man den angegebenen Zeugen: Nachbar Adolf Mollenhauer, Schröderstraße 16, Limbach-Oberfrohna.

»Protokoll

22.3.1965

Der Mollenhauer wurde in seiner Wohnung aufgesucht und befragt. M. gab an, daß er am Freitag gegen 15.30 Uhr das Klosett säuberte, als ein ihm unbekannter Mann im Alter von etwa 28 Jahren in das Haus kam und ihn um eine Bürste bat, mit der er seine angeschmutzten Hosen ausbürsten wollte. M. gab diese ihm und stellte dabei fest, daß dieser Mann stark angetrunken war, weil er sich kaum auf den Beinen halten konntc. Danach wollte der Unbekannte noch Feuer für seine Zigarette haben. M. verwies ihn in die Werkstatt zu seinem Hauswirt, dem Vohs, Wilhelm, der gerade dort war und Raucher ist. Der Unbekannte packte den Mollenhauer am Arm, als dieser in die Werkstatt sah, und forderte diesen auf, eine Flasche Bier mit ihm zu trinken. M. gab noch an, daß der Vohs bereits eine Flasche mit dem Unbekannten trank. Mollenhauer hat seine Flasche nur angetrunken und hat die Werkstatt wieder verlassen, um seine Hausordnung weiterzuführen. Er kann keine Angaben weiter machen, was sich in der Werkstatt weiter zugetragen hat. Erst gegen 16.00 Uhr kam die Schwiegertochter des Vohs und erzählte ihm, was vorgefallen war. Er konnte ihr auch nur die Angaben machen, die bereits erwähnt wurden. Der Täter entfernte sich in Richtung Karlstraße. Seine Bekleidung war ein heller Rollkragenpullover und ein graublauer Anzug. Der Täter hatte ein volles Gesicht und braune Haare. Mollenhauer kennt den Mann nicht, würde ihn jedoch bei einer Gegenüberstellung sofort wiedererkennen.«

Weitere Ermittlungen: »Betr. Befragung des Sohnes des geschädigten Vohs im gleichen Haus

22.3.1965

Die Befragung des Vohs ergab, daß er durch Herumfragen in der Nachbarschaft erfahren hat, daß der im Nachbarhaus wohnende Melchior, Erich, Schröderstr. 18, den Täter auch gesehen haben soll und ihm so geschildert hat, wie es bereits Mollenhauer aussagte.

Die Tatortbesichtigung ergab, daß es sich um eine alte Werkstatt handelte, die in einem unaufgeräumten Zustand ist. V. zeigte auch die Stelle, wo die zerbrochene Bierflasche gelegen hatte. Sie wurde bereits wieder beseitigt. Blutflecken waren noch zu sehen. Sachdienliche Angaben können von dem V. nicht gemacht werden. Weitere Zeugen wie Melchior haben den Mann gesehen, geben gleiche Beschreibung.«

Es folgt Routine und die Alibikontrolle der bereits einschlägig aufgefallenen Bürger: »Betr. Alibiüberprüfung der im Abschnitt wohnenden Trinker im Alter von 25 bis 30 Jahren

22.3.1965

Überprüft wurde der Knappe, Helmut, Limbach-Oberfrohna, Hauptstr. 46. Knappe konnte nachweisen, daß er am Freitag zur Arbeit war und anschließend gegen 16.30 Uhr nach Limbach-Oberfrohna gegangen ist, wo er von Hausleuten im nüchternen Zustand gesehen wurde.

Weiterhin wurde der Petraschek, Arno, überprüft. Nach Aussagen seiner Ehefrau hatte Petraschek am 19.3.1965 Spätschicht im VEB ›Roter Färber‹, Niederfrohna. Die Überprüfung im Betrieb bestätigte diese Aussagen.

Beide Personen, auf die die Personenbeschreibung zutrifft, kommen als Täter nicht in Betracht.« Auch bei weiteren Personen ergaben sich keine Anhaltspunkte, die sie der Körperverletzung an Wilhelm Vohs verdächtig machten.

Am Dienstag, den 23. März, teilt Oberarzt Dr. Klaus aus dem Krankenhaus Limbach-Oberfrohna den Ermittlern fernmündlich mit, »daß die Röntgenuntersuchung beim Patienten Vohs einen Ellenbruch am rechten Unterarm ergeben hat. Es ist geplant, den Patienten am 24.3.1965 nach Hause zu entlassen, da eine ambulante Behandlung zu Hause ausreichend ist.«

Die Tat spricht sich im Orte schnell herum und lässt Einwohner sich erinnern:

»Betr. Hinweis des Bürgers Schmidt, Eberhardt, Limbach-Oberfrohna, Kantstr. 4

26.3.1965

Schmidt teilte mit, daß er ebenfalls diesen Täter aus der Schröderstr. 16 kommen sah. Er gab an, diesen Bürger erkannt zu haben. Es soll sich hierbei um einen ehemaligen Limbacher Bürger handeln mit Namen Küttner, Gisbert. Er soll jetzt in Burgstädt oder Hartmannsdorf wohnen. Die Personenbeschreibung wie auch die Zeit stimmen mit der Tatzeit überein.« Ein erster sehr konkreter Ansatzpunkt.

»Betr. Überprüfung des Täterhinweises in Hartmannsdorf

26.3.1965

An Hand der Meldekartei wurde bekannt, daß der Küttner in Hartmannsdorf, Rudolf-Breitscheid-Str. 8, wohnt. Ermittlungen bei der Großmutter der Ehefrau des Küttner, der Nottrodt, Uferstr. 3, ergaben, daß der Küttner am Tage der Tat nicht zu Hause war und erst Sonnabend, den 20.3.1965, wieder nach Hause kam. Küttner soll viel trinken und dann seine Ehefrau schlagen. Er ist brutal. Arbeitsstelle z. Zt. Steinbruch Gräfe in Limbach-Oberfrohna. Die Befragung der Ehefrau ergab ebenfalls, daß der K. Freitag, den 19.3.1965, nicht zu Hause war. Die Ehefrau gab an, daß sich ihr Gatte zu Hause befindet und nicht zur Arbeit ging, weil er am Vortage wieder getrunken hatte. Die Bekleidung, die er am Freitag, den 19.3.1965, anhatte, deckte sich mit der Personenbeschreibung der bereits befragten Personen.« Der Täter, der den 82 Jahre alten Böttcher Wilhelm Vohs grundlos zusammenschlug, ist durch den Zeugen Eberhardt Schmidt identifiziert.

Küttners Leumund ist nicht gut. Der junge Mann gehe regelmäßig Boxen. Er ist trainiert, das sieht man Gisbert Küttner an. Die Ehe läuft nicht, es gibt Streit. Die Familiensituation mit kleinem Kind dauert Nachbarn und Verwandte, auch wenn sich die Mutter kümmert. Küttner hat sich von mehreren Personen Geld geliehen, ob er es je zurückzahlt, bezweifeln viele. Andererseits handelt er mit Uhren, deren Herkunft sich keiner erklären kann, und er mache Geschäfte mit allem und jedem, dessen er habhaft werden kann: Schwarzhandel. Diebstahl. Raub. Arbeit? – Na ja, dass er regelmäßig dahin ginge, hat keiner gesehen. Wohl wieder die Stelle gewechselt. Trinken kann er. Apropos feiern: In elf Tagen begeht Gisbert Küttner seinen zwanzigsten Geburtstag.

Gisbert Küttners bisheriger Lebenslauf ist ein auch in der DDR bekannter Karrierebeginn, der regelmäßig im Gefängnis endet. Jugendkriminalität und Sozialismus – ein Thema, über das man im Arbeiter-und-Bauern-Staate ungern sprach, das jedoch nicht zu leugnen war. Unterschiede zum zweiten deutschen Staat waren hier trotz Erziehung und Indoktrination kaum sichtbar, das bemerkte sehr wohl auch der Klassenfeind und diskutierte über falsche Ideale und die parteilich schöngemalte Zukunft, vor allem über deren Propagierung und die bewusste Leugnung der Realität im DDR-Fernsehen und in den Massenmedien. Joachim Nawrocki schrieb unter dem Titel »Verbrechen in der DDR. ›Muttermale der alten Gesellschaft‹« in der Zeitschrift *Die Zeit* (1973):

»Die größte Sorge der DDR-Justiz ist die Jugendkriminalität. Sie ist, gemessen an der Zahl der gesamten Straftaten, mindestens ebenso groß, wenn nicht größer als in der Bundesrepublik. Jeder zweite Straftäter in der DDR ist zwischen 14 und 25 Jahre alt.

Neben diesen Jugendlichen, die in der sozialistischen Gesellschaft nicht den rechten Halt finden, gibt es aber auch gefährliche Kriminelle unter den Jungen und Mädchen der DDR. Vor allem das Rowdytum, oft verbunden mit Alkoholmißbrauch, macht den Justizbehörden der DDR ziemliche

Sorgen. So sind kürzlich drei Zwanzigjährige, nach Schnaps und Bier und wieder Schnaps, aus der Umgebung Berlins zum Alexanderplatz gefahren, schlugen dort einem fünfzigjährigen Mann ins Gesicht, griffen einen Altersgenossen an und machten sich schließlich über einen dritten Mann her. Der eine von ihnen, Heinz, attackierte den Mann. ›Der Bürger setzte sich zur Wehr; verzweifelt und aussichtslos. Das war das Zeichen für Herbert und Hermann, nun ebenfalls unbarmherzig auf ihr Opfer einzuschlagen‹, heißt es in einem Gerichtsbericht. Die drei Rowdys, die übrigens – wie fast alle Straftäter – vor Gericht von ihren Arbeitskollegen günstig beurteilt wurden, sind Anfang des Jahres zu je zehn Monaten Gefängnis verurteilt worden.

Das Steigen der Verbrechensquote bereitet der DDR-Justiz offensichtlich Kummer, und zwar nicht allein wegen der damit verbundenen zunehmenden Rechtsunsicherheit. Hohe Kriminalität paßt auch so gar nicht in die Landschaft des Sozialismus, in der nach Abschaffung der ›Ausbeuterordnung‹ dem Verbrechen theoretisch der Nährboden entzogen sein soll. So sah sich jetzt der Generalstaatsanwalt der DDR, Dr. Josef Streit, zu einigen differenzierenden Erklärungen veranlaßt, denen zu entnehmen ist, daß ›der Kampf gegen Straftaten auch in den kommenden Jahren ein außerordentlich komplizierter und widersprüchlicher Prozeß bleiben wird‹.

Kriminalität in Ost und West, meint Streit, seien ›zwei nur der Form nach gleiche Erscheinungen‹. Wer Kriminalität auf die schlechten Anlagen des Menschen zurückführe, sei unwissenschaftlich und menschenverachtend. Kriminalität im Westen habe ›die menschenfeindliche sozialökonomische Grundstruktur des Kapitalismus‹ als Wurzel. Kriminalität in sozialistischen Ländern dagegen entstehe, weil die sozialistische Phase als Vorstufe des Kommunismus – wie Marx es sagte – ›noch behaftet ist mit den Muttermalen der alten Gesellschaft‹.

Der Generalstaatsanwalt, mit der neueren Ideologie der Nach-Ulbricht-Ära gut vertraut, konstatiert wie Chefideologe Kurt Hager, daß es in der DDR noch ›Klassen und Schichten‹ gebe. Durch das Kleineigentum an Produktionsmitteln würden zum Beispiel individualistische und egoistische Auffassungen reproduziert. Sogar in genossenschaftlichen Einrichtungen sieht Josef Streit Ursachen für ›gruppenegoistisches Eigentümerdenken und dementsprechende Haltungen‹. Außerdem würden auch nach dem Sieg der sozialistischen Produktionsverhältnisse noch Bewußtseinselemente des Kapitalismus ›zählebig nachwirken‹.

Als weitere Ursache der Kriminalität nennt Streit auch ›Aktionen des Imperialismus‹, der vor allem durch seine Massenmedien für das ›Weiterwirken bürgerlicher Ideologie und Lebensweise‹ sorge und sich vor allem die negative Beeinflussung der Jugend zum Ziel gesetzt habe. Erst zum Schluß der Aufzählung von Kriminalitätsursachen richtet Streit den Blick nach innen, auf den eigenen Staat: Es gäbe auch ›in unserem Leben vorhandene Bedingungen‹, die die Kriminalität begünstigten, nämlich Widersprüche und Konflikte, ›die mit der komplizierten Entwicklung und Herausbildung der sozialistischen Gesellschaft zusammenhängen‹.

Wie der bekannte Rechtsanwalt Friedrich Karl Kaul so ist auch Generalstaatsanwalt Streit für energische Maßnahmen des Staates. Er meint, die Modelle und Programme zur Bekämpfung und Vorbeugung der Kriminalität hätten als Ganzes ›unsere Erwartungen nicht erfüllt‹. Der Trend des Absinkens der Kriminalitätsziffern in einer Reihe von Jahren sei überbewertet worden. Streit fordert deshalb verstärkte Anstrengungen zur Aufdeckung der Kriminalität, schnellere Reaktionen der Verfolgungsbehörden, konsequente Bestrafung und strenge Kontrolle.«

»Betr. Zuführung des Küttner, Gisbert, Hartmannsdorf, Rudolf-Breitscheid-Str. 8

26.3.1965

Der Küttner wurde in seiner Wohnung aufgesucht, wo er vorerst nicht öffnen wollte. In der anschließenden Befragung gab Küttner zu, zur bereits angegebenen Zeit in Limbach-Oberfrohna gewesen zu sein und eine Familie Schmelzer in der Straße des Friedens besucht zu haben. Sein Weg von der Imbißstube zur Familie Schmelzer führte am Tatort vorbei. Zur weiteren Klärung des Sachverhaltes wurde der Küttner dem Revier Limbach-Oberfrohna zugeführt. Bei der weiteren Befragung wurde ihm die Tat der gefährlichen Körperverletzung am 19.3.1965 nachgewiesen und die Beschuldigtenvernehmung durchgeführt.«

Der Fall der Körperverletzung des Wilhelm Vohs ist geklärt, anderes kam nicht zur Sprache. Über die Bestrafung wird noch zu reden sein. Man entlässt Gisbert Küttner aus dem Polizeigewahrsam. Am 30. März gibt er auf seinen 20. Geburtstag einen aus.

II. Karl-Marx-Stadt: Lessingplatz, Ecke Sophienstraße

Wenn er sagen will, ich war angetrunken, und angetrunken war er immer, wenn etwas passierte, sagte er: »Ich war ganz schön im Tee.« Wenn er sich rühmt, einen anderen verhauen zu haben, dann sagt er: »Den habe ich hingerichtet.« Aber schon diese Prügelei zeigt, die Ablehnung ist nicht nur eine Ablehnung gegen die Welt der Erwachsenen, er lehnt auch Jugendliche ab, die eine ähnliche Denk- und Ausdrucksweise haben wie er selber.

Rudolf Hirsch: »Im Tee sein«

Die Anzeige erreichte den Kriminaldauerdienst Karl-Marx-Stadt:

»20.3.1965

Das VPKA Karl-Marx-Stadt teilt mit, daß laut Mitteilung des Bürgers

Name: Hellwig, Joachim
geb.: am 19.3.1948 in Chemnitz
wh.: Karl-Marx-Stadt, Str.-der-Nationen 93

eine ihm unbekannte männliche Person, in Höhe des Lessingplatzes, Ecke Sophienstr., von zwei männlichen Personen niedergeschlagen und ihrer Barschaft von ca. 200,- MDN beraubt wurde. Die geschädigte Person ist stark blutverschmiert und hat am Haaransatz vorn eine Platzwunde. Der Anruf des H. erfolgte gegen 20.10 Uhr.« Es folgt der übliche Dienstweg:

»20.3.1965

Ermittlungsverfahren gegen unbekannt

Rechtsgrundlage:	§ 250 StGB
Tatzeit:	Sonnabend, den 20.3.1965, gegen 19.50 Uhr
Tatort:	Karl-Marx-Stadt, Lessingplatz, Einmündung Sophienstr.
Geschädigter:	Engelbrecht, Manfred
geb.:	am 29.1.1937
wh.:	Karl-Marx-Stadt, Leopoldstr. 6.

Tatortbefundbericht
zum Raubüberfall am 20.3.1965, gegen 19.50 Uhr, in Karl-Marx-Stadt, Lessingplatz, Abzweigung Sophienstr.

Tatort ist Karl-Marx-Stadt, der Stadtbezirk Mitte/Nord, und zwar die Kreuzung Lessingplatz – Sophienstr. Der Tatort ist wenig beleuchtet und wird fast nicht begangen. Der Fußweg wird linksseitig von einem ca. 1,5 Meter hohen Lattenzaun begrenzt. Der Fußweg selbst ist aufgeweicht und zertreten. Unmittelbar am Tatort steht eine Steinsäule mit Straßenschildern. Diese Säule ist teilweise durch Abplatzen beschädigt. Teile der Säule liegen auf dem Fußweg. Sie weisen jedoch keine Blutspuren auf. Blutreste sind auf dem aufgeweichten Fußweg zu erkennen. Etwa im Abstand von drei Metern steht eine Litfaßsäule, und direkt am Fußwegrand befindet sich eine Straßenlaterne. Fuß- oder Schuhspuren konnten nicht gesichert werden. Andere Spuren sind nicht vorhanden.

Der Fährtenhund kam zum Einsatz.

Bericht über den Einsatz eines Fährtenhundes

20.3.1965

Name des Fährtenhundes:	Alf von Toms Hütte
Einsatzzeit:	20.3.1965 gegen 21 Uhr
Straftat:	Raubüberfall
Witterung:	leicht windig, ca. 0 Grad
Bodenverhältnisse:	Anlagenwege, Steinplattenfußwege u. Asphaltstraßen

Der Fährtenhundeführer erhielt den Auftrag, nach dem Lessingplatz auszurücken, da dort an einem Bürger ein Raubüberfall verübt worden war.

Der Hund wurde sofort mittels Pkw der Fahrbereitschaft zum Tatort gebracht. Der Tatort wurde durch Genossen des Funkstreifenwagens gesichert.

Der Hund wurde an einer Blutlache angesetzt. Er nahm die Fährte gut auf und lief über den Lessingplatz die Sebastian-Bach-Str. zur Dimitroffstr., diese bog er links ab. Er überquerte einen Kinderspielplatz und lief an den Gartenzaun des Hofgrundstücks Dimitroffstr. 102. Als der Hund in dem Grundstück 102 noch einmal angesetzt wurde, kreiste er zwischen den Grundstücken 102 und 104. Da der Hund hier keine weitere Fährte aufnahm, wurde die Fährtenarbeit beendet.«

Bei der näheren Inaugenscheinnahme des Tatorts wird das wahrscheinliche Tatwerkzeug sichergestellt, einer von »4 Steinen, die bis 11 x 20 cm Größe« besitzen.

Der junge Mann, der Zeuge des Überfalls gewesen ist

und ihn der Polizei gemeldet hat, wird eingehender zum Vorfall befragt. Joachim Hellwig besucht die 10. Klasse der Josephinenoberschule. Am Tage zuvor ist er 17 Jahre alt geworden.

»20.3.1965

Protokoll

Mit dem Gegenstand der Vernehmung bekannt, zur Wahrheit ermahnt über eine Aussage gemäß den §§ 45 und 50 belehrt, erkläre ich: Ich befand mich heute, den 20.3.1965 gegen 19.45 Uhr, mit meinem Freund, dem Dreher Volkmar Menzel, Karl-Marx-Stadt, Str. der Nationen 146 wohnhaft, auf einem Spaziergang unterwegs. Zuerst wollten wir in die Europalichtspiele gehen, aber überlegten uns dann, wieder nach Hause zu gehen. Das Fernsehen zeigte: ›Verliebt in Kopenhagen‹ [einen dänischen Liebesfilm mit Siw Malmquist und Ove Sprogøe, geschrieben und produziert von den späteren Olsenbanden-Machern: Henning Bahs und Erik Balling].

Wir liefen eine Straße in Richtung Lessingplatz entlang und befanden uns bereits hinter diesem, als wir Schreie hörten. Es war undeutlich, nur den Schreien nach konnte man glauben, daß jemand um Hilfe rief. Zuerst entschieden wir uns, doch lieber weiterzugehen, es könnte sich vielleicht um einen Betrunkenen handeln. Ich sah im Schein einer Lampe, es war auf der Josephinenstr., 3 männliche Personen, welche sich schlugen oder miteinander rangen. Dann ließen 2 männliche Personen eine Person, die am Straßenrand lag im Stich und liefen nach links in Richtung Uhlandstr. Ich ging mit meinem Freund nach der am Erdboden liegenden Person. Bevor wir aber hinkamen, stand diese auf und lief uns entgegen. Als er näher zu uns herankam, sah ich, daß er im Gesicht blutete. Er sagte in hastigem Ton zu uns: ›Ich bin überfallen worden, schafft mich zur Polizei. Ich kann kaum noch gehen‹, sagte er und lief mit schwankenden Schritten neben uns die Josephinenstr. entlang. Wir begleiteten ihn bis zur Geschäftsstelle des VEB Kohlehandel auf der Dresdner Str. Dort wurde nach der VP gerufen und er in ärztliche Behandlung gebracht. Während des Weges erfuhren wir durch seine Erzählungen, er würde die beiden, die ihn geschlagen hätten, kennen. Sie wären ungefähr 20 Jahre alt, hätten ihn wahrscheinlich nicht bloß wegen seinem Geld, sondern aus Spionagegründen überfallen. Er roch nach Alkohol, hat aber nichts erzählt, wo er gewesen ist. Erst in der Verwaltung des VEB Kohlehandels, als man ihn nach seinen Personalien fragte, wurde bekannt, daß er Ingenieur lernt. Ich schätze sein Alter auf 23–25 Jahre. Er blutete im Gesicht, in Höhe des Haaransatzes sah man eine blutende Wunde. Er behauptete, man hätte ihm 200,-- Mark aus seiner Brieftasche gestohlen, und die Brieftasche hätten sie ihm wieder in seine Jacke gesteckt. Andere Personen haben wir nicht auf der Straße gesehen, und eine Beschreibung der beiden männlichen Personen, die sich entfernt haben, kann ich nicht angeben. Soweit es aus der Ferne von ca. 30 m möglich war, könnte ich sagen, es waren junge Männer, aber Einzelheiten zu ihrer Beschreibung konnte ich nicht erkennen. Ein Wiedererkennen von meiner Seite aus ist mir nicht möglich.«

Nach der Tatortuntersuchung begeben sich die Ermittler ins Krankenhaus und hoffen, dass ihnen das Opfer trotz der Kopfverletzung die Täter beschreiben kann und sich an Details von Aussehen und Kleidung erinnert. Ersthelfer Joachim Hellwig hatte zu Protokoll gegeben, dass Manfred Engelbrecht ihm sagte: »Er würde die beiden, die ihn geschlagen hätten, kennen.«

»20.3.1965

Protokoll

Betr. Befragung des im Krankenhaus Juri-Gagarin-Str. liegenden Geschädigten

Name: Engelbrecht, Manfred
geb.: am 29.1.1937
wh.: Karl-Marx-Stadt, Leopoldstr. 6
beschäftigt: an der Technischen Hochschule Karl-Marx-Stadt als Institutselektriker

E. wurde im Krankenzimmer der Station 3 angetroffen. Seine Angaben sind äußerst verworren. Es muß angenommen werden, daß die Schlageinwirkungen dafür ausschlaggebend sind. Nach Angaben der Arzthelferin Sittner handelt es sich um eine ca. 5–6 cm lange Platzwunde mit zerfetzten Rändern, die nicht bis auf das Schädeldach durchgehend ist. Es besteht der Verdacht einer Commotio (Gehirnerschütterung). Außerdem ist eine starke Blutung der Nase aufgetreten. Die Wunde selbst ist leicht sandig.

E. gibt auf Befragen an, daß er am heutigen Tage gegen 17.00 Uhr, die Selbstbedienungsgaststätte im Karl-Marx-Städter Hauptbahnhof aufgesucht hat.« Die Bahnhofsrestaurants heißen *Mitropa* und sind republikweit ob ihrer Preise, ihres späten Ausschankschlusses und der Besucherklientel berüchtigt.

Bahnhofsviertel gelten seit je als Stadtteile, die sich von der restlichen Kommune unterscheiden. Betreten und der Aufenthalt bergen Gefahren. Ankunft und Abfahrt von Zügen bringen es mit sich, dass einander Unbekannte aufeinandertreffen, Umstieg und Verspätungen zwingen zu Wartezeiten und Notaufenthalten. So werden Bahnhöfe und deren Umgegend auch Sammelpunkt zwielichtiger Personen, Schauplätze gesetzeswidriger Geschäfte und schneller Sexualkontakte in den Toiletten oder Eisenbahnwaggons. Reisende sind leichte Opfer für Taschendiebstahl und Raub. Überfälle gibt es an solchen Verkehrsknoten mehr als in den Vororten und Nebenstraßen. Flughäfen, Bahnhöfe und Zentralhaltestellen sind Schwerpunkt im Streifendienst der Polizei. Der Berliner Bahnhof Zoo und Frankfurt Hauptbahnhof besitzen sprichwörtlich schlechten Ruf und werden als Synonyme für Kriminalität verwendet. Gegenwärtig steht in Chemnitz die Zentralhaltestelle dafür: »›Es ist jedes Mal ein Spießrutenlauf‹, begründet eine Mutter, warum ihre 13-jährige Tochter auf dem Weg von Ebersdorf zur Sport-Oberschule nicht mehr an der Zentralhaltestelle umsteigt. ›Die Zenti ist abends ein rechtsfreier Raum‹, findet ein Student. Es werde gepöbelt, geraubt, Frauen würden angemacht. Als Augenzeuge habe er schon häufig selbst die Polizei gerufen. Bis zu deren Eintreffen habe es immer mindestens eine Viertelstunde gedauert – genug Zeit für Kriminelle, um sich aus dem Staub zu machen …« (*Freie Presse*, 15. Juni 2018)

In DDR-Zeiten besaß auch der Chemnitzer Hauptbahnhof mit seinem großen Vorplatz, den nahen Hotels und Gleisanlagen zweifelhaften Ruf: Er »kam am späten Nachmittag in Chemnitz an. Bereits in der Bahnhofshalle traf er auf ein bekanntes Gesicht, Zitter-Alfons, ein Homosexueller, der vom Schwarzhandel lebte und zur Deckung jeden Tag ein paar Stunden als Verkäufer im Geschäft von Hosen-Meier arbeitete; ein Männlein steht im Walde. ›Lange nicht gesehen‹, meinte Zitter-Alfons. Er kaufte ihm eine Schachtel Amis ab. Draußen blendete tiefe Nachmittagssonne aus den Fenstern. Es war alles wie früher. Vor dem Hotel ›Prätorius‹ verkaufte ein Beinamputierter aus seinem Rollwagen Schnürsenkel, ein Straßenbahnzug kreischte in enger Kurve, und viele Leute kamen, und viele gingen. Weiter unten aber wurde ein Wartehäuschen gebaut, an der Königstraße, die hieß jetzt Straße der Nationen. Und die Bismarckstraße hieß Liebknechtsraße, die Georgenstraße war die Kurt-Fischer-Straße, das Uhlmann-Geschäft war ein Konsum, aber Paule Kirchners Zigarettenladen war noch da. War noch da mit der Ramses-Reklame im Fenster und aus gutem Grund ist Juno rund, obschon sich inzwischen andere Marken etabliert hatten, Siedlerstolz, Bahndamm letzte Ernte« (Werner Bräunig: *Rummelplatz*).

Auch der DDR-Krimi nutzte das zwielichtige Ambiente der Bahn und ihrer Haltepunkte. Der Bahnhof »liegt am Rande des alten Stadtkerns. An seinen schmalen Bahnsteigen halten keine Fernzüge, und doch herrscht in der Mitropagaststätte bis zur Polizeistunde immer Hochbetrieb. Im kleinen Raum der Gaststätte spülen die Rangierer des nahegelegenen Güterbahnhofs und Arbeiter aus den großen Lagerhallen auf die Schnelle den Staub mit ein paar Hellen hinunter. Im größeren Raum mit den rohen Holztischen sitzen die Dauergäste. Sie bringen den Umsatz, auch ohne weiße Tischdecken. Manche kommen von der Spätschicht, andere vor der Nachtschicht, nur auf ein Glas, wie sie oft betonen. Dazwischen sitzen auch solche, die um jede Arbeit einen Bogen machen, sie nassauern sich durch, wenn sie nicht irgendwoher ein paar Mark in den Taschen haben. Zur Polizeistunde sitzen sie noch dort. Dabei wird es mit der Polizeistunde nicht einmal genau genommen. Wenn der letzte Bummelzug den kleinen Bahnsteig hinter sich gelassen hat, geht es rund um die Holztische erst richtig los. Ein paar Spendierfreudige gibt es fast immer. Es gehört auch zum guten Ton, daß sich die Serviererinnen mit an die Tische setzen und ihre eigenen freigehaltenen Gäste sind« (Günter Radtke: *Die Tätowierten*).

Das Sujet von Zugaufenthalten und Gleisen eignet sich überhaupt bestens für Kriminalromane, viele Autoren lassen ihre Verbrechen in Bahnhöfen und Zugwaggons spielen. Die Klassiker Agatha Christie: *Der blaue Express* (1928), Graham Greene: *Orientexpress* (1932), die Franzosen Sebastien Japrisot: *Mord im Fahrpreis inbegriffen* (1962), Pierre Boileau und Thomas Narcejac: *Ich bin ein Anderer* (1979), wie auch der Nestor des deutschen Sozio-Krimis Horst Bosetzky (-ky): *Die Bestie vom Schlesischen Bahnhof* (2004). Eine Erzählung der »ostdeutschen Agatha Christie«, Tom Wittgen, nutzte das Karl-Marx-Städter Bahnhofsambiente für eine Mordgeschichte als *Schatten in Grün* (1975). Denn

Verbrechen haben oft realiter im Umfeld der Schienenstränge stattgefunden, so auch dieses, an dem sich die Schriftstellerin orientierte (vgl. Hans Girod: *Grüne Fasern im Hollerbusch*, 1997). Christian Lunzer und Peter Hiess haben eine stattliche Anzahl wahrer Verbrechen in und auf der Eisenbahn recherchiert: *Mordexpress* (2000). Auch DDR-Kriminalroman und -film nutzten die Szenerie zwischen Kohledampf, Mitropa und Anonymität: *Der Kreuzworträtselfall* (1988) wurde zur Legende und Vorlage für Kerstin Apel, Hans Girod und Kai Meier. *Das zweite Gleis* (1962) deckt einen Mörder mit Nazi-Vergangenheit. *Das Haus an der Bahn* (1972) nutzt ein Sexualverbrecher. *Zwischen den Gleisen* (1975) des Güterbahnhofs wird Diebesgut verschoben. Die *Allianz für Knete* (1990) raubt die Reisenden des Balt-Orient-Expresses aus. Johannes Albrecht sucht in *Lichtenberg, Bahnsteig E* (1989) nach Mordbeweisen. Der Blumenhandel auf dem Chemnitzer Hauptbahnhof sitzt auf *Reklamierten Rosen* (1976), das Kollektiv der Kriminalisten um Oberleutnant Fuchs vom »Polizeiruf 110« kommt dadurch einem großangelegten Betrug auf die Spur.

Im Chemnitzer Bahnhofsrestaurant also zechte am 20. März des Jahres 1965 Manfred Engelbrecht mit zwei jungen Männern, die ihm danach fast das Leben nahmen. Den Nachmittag lang und frühen Abend saß der Elektriker mit den beiden zusammen und trank, so musste er doch Angaben machen können, die zur Identifizierung seiner potentiellen Totschläger führen.

Manfred Engelbrecht kann der Polizei erstaunlich wenig sagen, »an seinem Tisch befanden sich zwei junge Burschen«, und er beschreibt diese wie folgt:

»1. Person: ca. 165–170 gr., schlank, ca. 20–22 Jahre alt, hageres Gesicht, Lederjacke, ohne Kopfbedeckung,

2. Person: ca. 28–30 Jahre alt, ca. 180 gr., kräftige Gestalt, Bekleidung z.Z. nicht erinnerlich.

Mit diesen Personen will E. ein Gespräch geführt haben, welches sich um verlustige Ausweispapiere der NVA gedreht hat. Gegen 19.00 Uhr brachen die Personen auf, und E. wurde angesprochen, daß er mit ihnen geht. Sie nahmen den Weg durch den Bahnhofstunnel in Richtung Lessingplatz. Als sich die drei Personen der Abzweigung Sophienstr. näherten, bekam der E. einen Schlag gegen den Kopf, der ihn bewußtlos machte. E. will noch gemerkt haben, daß die Personen seine Kleidung durchsuchten. Als er wieder zu sich kam, bemerkte er den Verlust seiner Ruhlaer Uhr im Werte von 35 MDN, mit grauem Lederarmband, schwarzem Zifferblatt ohne Zahlen. Außerdem fehlt ihm ein Geldbetrag von ca. 160 MDN, der sich wie folgt zusammensetzt:

2 50-MDN-Scheine

6 20-MDN-Scheine

Als er sich erhob, waren die beiden Personen bereits geflüchtet. Dem E. kamen zwei junge Männer zu Hilfe, die ihn zum Kohlehandel Dresdner Str. brachten, von wo er aus die Kriminalpolizei verständigte.

Nach Angaben des E. müßte die Abräumfrau der Selbstbedienungsgaststätte die beiden männlichen Personen kennen. Es handelt sich um eine ältere Frau von ca. 40–45 Jahren, die nachmittags Dienst hatte.

Wie E. weiter angibt, haben die beiden männlichen Personen mit der Abräumfrau gesprochen.

Durch Unterzeichneten wurde noch am gleichen Tage die Mitropa aufgesucht. Es mußte aber festgestellt werden, daß die Abräumfrau sowie das gesamte Personal der Selbstbedienung den Bahnhof verlassen hatte und die Anschrift der Person nicht bekannt war.« Die Antworten des Manfred Engelbrecht sind unbefriedigend und lösen keine Fahndung aus. Wahrscheinlich sind sie dem Schock und den Verletzungen geschuldet.

Am nächsten Tag erfolgt seine nochmalige Befragung in der Hoffnung auf Erkenntnisse, die vielleicht nun die Täter eindeutig identifizieren können. Engelbrecht muss doch detaillierte Angaben machen können, wenn er Stunden mit ihnen an einem Tische saß: »Am 21.3.1965 gegen 9.00 Uhr wurde nochmals der Geschädigte im Krankenhaus aufgesucht und befragt. Bei der Befragung macht er noch zum Teil verworrene Angaben und will sich nicht mehr an die Vornamen der Täter erinnern, obwohl sie ihm bekannt waren. Es machte den Eindruck, daß der Geschädigte die Namen kennt und aus irgendwelchen Gründen nicht angeben will. Er gibt an, daß er bereits in der Mittagsstunde des 20.3.1965 einmal in der Bahnhofsmitropa war und etwas zu sich genommen hat. Dabei hat er auch schon die späteren Täter gesehen, die sich dort aufhielten.

Gegen 17.00 Uhr ist er nochmals dorthin und habe sich mit zum Tisch der Täter gesetzt. Er gibt an, daß sie sich unterhalten haben. Er kann aber keinerlei Angaben über den Inhalt des Gespräches machen. Engelbrecht will sich daran nicht mehr erinnern können. Ihm ist aber noch bekannt, daß sich von Reisen nach Westdeutschland unterhalten wurde, wobei er nicht mehr wissen will, wer was dazu gesagt hat. Sie sind dann zu dritt aus der Selbstbedienungsgaststätte gegangen und wollten in einer anderen Gaststätte weiter zechen. Sie liefen durch den Tunnel und haben hinter dem Tunnel noch eine weitere Gaststätte aufgesucht.

In dieser Gaststätte haben sie jeder ein Glas Bier getrunken und verließen kurze Zeit darauf die Gaststätte. Sie haben am runden Stammtisch Platz genommen. In dieser Gaststätte haben sich nach Angaben des Geschädigten nur wenige Gäste aufgehalten. Nachdem er am Lessingplatz niedergeschlagen wurde, konnte er im Anschluß daran nur noch feststellen, daß seine Brieftasche ohne Geld in seiner unmittelbaren Nähe gelegen hat. Das Geld wurde vom Täter entwendet. Nachdem er nach dem Gespräch mit dem Pförtner des VEB Kohlehandel befragt wird, gibt er an, daß er sich daran erinnern kann. Er könnte aber im Moment keine

Angaben dazu machen, da die Täter mit seinem Gespräch in Zusammenhang zu bringen wären. Weiter ließ er sich nicht dazu aus. Nochmals nach den Namen der Täter befragt, gibt er an, daß er sich nicht mehr daran erinnern könnte.

Nach der Beschreibung befragt, gibt er an, daß er die Täter nur lückenhaft wie folgt beschreiben kann, doch einige Details der Kleidung sind neu:

1: Vermutlich schwarze Lederjacke, 1,75 bis 1,80 m groß, 20–22 Jahre, kräftige Gestalt.
2: Etwa 22–23 Jahre alt, etwa 1,80 m groß, schlanke Gestalt, bekleidet mit einem weißen Rollkragenpullover.

Weitere Angaben konnte er dazu nicht machen. Engelbrecht selbst ist 1,92 m groß. Er gibt an, daß er keinen weiteren Gast der Selbstbedienungsgaststätte gekannt hat.

Im Anschluß wurde mit der Trapo – Wache Hauptbahnhof – eine Rücksprache geführt. Sie wurden noch einmal vom Vorkommnis in Kenntnis gesetzt und nach den Personalien der älteren Abräumerin befragt. Es wurde mitgeteilt, daß es sich um die Frau Schwarze, wohnh. Karl-Marx-Stadt, Brühl 67, handeln könnte. Sie wurde aufgesucht und zum Sachverhalt befragt. Zur Person gibt sie an:

Name:	Schwarze, Magda
geb.:	am 24.12.1901
wohnh.:	Karl-Marx-Stadt, Brühl 67, II. Stock links
beschäftigt:	als Abräumerin in der Mitropa, Karl-Marx-Stadt, Hbf.

Sie gibt auf Befragen an, daß sich mehrere Personen im Selbstbedienungsrestaurant der Mitropa aufgehalten haben, die ihr nicht bekannt sind. Sie erklärt, daß es sich zum Teil um Gäste handelt, die ständig dort verkehren, aber in der Hauptsache um durchgehenden Verkehr (Reisende). Sie gibt an, daß an einem Tisch mehrere Männer gesessen haben, die ihr nicht bekannt waren. An diesem Tisch wurde davon gesprochen, daß einer dieser jungen Männer nach Westdeutschland übersiedeln will. Dabei soll es sich um den

Größten gehandelt haben. An diesem Tisch habe jedoch ein gewisser Kurt oder Rudolf mit Platz genommen. Es soll sich um einen Rentner handeln, der täglich dort in den Nachmittagsstunden verkehrt. Dieser Bürger habe sich aber von diesem Tisch weggesetzt, da ihm die Gesellschaft nicht angenehm war.

Eine genaue Beschreibung konnte die Befragte nicht geben, da sie sich nicht mehr genau daran erinnern konnte und auch nicht genügend aufgepaßt hatte. Einer soll aber in einer schwarzen Lederjacke mit dort gewesen sein. Die Gäste haben gegen 19.00 Uhr die Selbstbedienungsgaststätte verlassen, und soweit sie sich erinnern konnte, ist in den späten Abendstunden nochmals einer dieser Gäste vorbeigekommen. Weitere Angaben zum Sachverhalt konnte sie nicht machen. Daraufhin werden Ermittlungen geführt, wo sich der Geschädigte mit den Tätern nach dem Verlassen der Selbstbedienungsgaststätte noch aufgehalten hat.

Es wird die Gaststätte ›Seidels Bierhalle‹ aufgesucht und der Wirt befragt. Er gibt an, daß er sich keinesfalls daran erinnern könnte, daß am 20.3.1965 gegen 19.00 Uhr nochmals drei Gäste für kurze Zeit seine Gaststätte betreten hätten. Nachdem ihm diese Beschreibung bekannt gegeben wird, gibt er an, daß sich diese Gäste nicht bei ihm aufgehalten haben. Weitere Angaben kann er nicht dazu machen.

Da der Geschädigte angab, daß es sich um eine Eck-Gaststätte handeln soll, wurde die Gaststätte ›Einsiedler Bierquelle‹ aufgesucht. Der Gastwirt wird nicht angetroffen und in der Wohnung aufgesucht. Es handelt sich um den Gastwirt:

Name:	Reuter, Edmund
geb.:	26.11.1912
wohnh.:	Karl-Marx-Stadt, Dimitroffstr. 86
beschäftigt:	selbständiger Gastwirt der Gaststätte ›Einsiedler Bierquelle‹
Tel.:	41420

Auf Befragen gibt er an, daß er sich sehr gut an den Verlauf des Sonnabendabend erinnern kann. Er weiß noch genau, daß gegen 19.00 Uhr drei ihm unbekannte Gäste sein Lokal betraten. Sie nahmen am runden Tisch Platz und bestellten für jeden ein Glas Bier. Sie haben sich nur für kurze Zeit in der Gaststätte aufgehalten und verließen diese sofort wieder. Sie haben keinen vertrauenerweckenden Eindruck gemacht, waren schnuttlig und verschmutzt. Der Wirt gibt an, daß er diese Personen noch nicht in seiner Gaststätte gesehen hat und sie trotzdem auf alle Fälle bei einer Gegenüberstellung wiedererkennen würde. Bei einem der Gäste handelte es sich um einen auffallend großen Bürger von ca. 1,90 m. Dieser Gast kann als der Geschädigte betrachtet werden. Die weiteren zwei Gäste beschreibt er wie folgt:
Etwa 1,70 m groß, etwa 23–24 Jahre alt, schlanke Gestalt, dunkles welliges Haar, rundes volles Gesicht, dunkle Lederoljacke ohne Besatz, dunkle Hose, weißer Rollkragenpullover, ohne Kopfbedeckung, ohne Mantel.
Etwa 1,65 m groß, etwa 21–22 Jahre alt, schlanke Gestalt, dunkles Haar, dunkle Lederoljacke, schmales Gesicht, dunkle Hose, ohne Kopfbedeckung und ohne Mantel.

Weitere Angaben konnte der Befragte zum SV nicht machen. In der Gaststätte haben sie sich nicht unanständig benommen.

Weiterhin wurden Ermittlungen im Hausgrundstück KMS, Dimitroffstr. 100 geführt«, da bis dorthin der Fährtenhund Alf von Toms Hütte die Spur verfolgte. »Es wurde der NVA-Angehörige
Name: Teubner, Jens
geb.: 9.12.1944
wohnh.: Dimitroffstr. 110

angetroffen und befragt. Er gibt an, daß in diesen drei Hausgrundstücken Karl-Marx-Stadt, Dimitroffstr. 100, 102 und 104 folgende männliche Personen wohnhaft sind, die im Alter mit den Gesuchten übereinstimmen:

Bellig, Reiner, geb. am 23.7.1945, wohnh. Karl-Marx-Stadt, Dimitroffstr. 100

Grellmann, Bernd, etwa 28 Jahre alt, wohnh. Karl-Marx-Stadt, Dimitroffstr. 102

Liebig, Edgar, ca. 17 Jahre alt, wohnh. Karl-Marx-Stadt, Dimitroffstr. 99

Ponikel, Frank, etwa 22 Jahre alt, wohnh. Karl-Marx-Stadt, Dimitroffstr. 102. Etwa 1,75 bis 1,80 m groß, kräftige Gestalt, mittelblondes welliges Haar.

Gutjahr, Klaus, etwa 21 Jahre alt, wohnh. Karl-Marx-Stadt, Leninstr. 16.

Der erstgenannte Bellig ist mit dem Befragten am 20.3.1965 ausgegangen, und sie besuchten gemeinsam eine Tanzveranstaltung im ›Chemnitzer Hof‹. Sie sind erst in den späten Nachtstunden nach Hause gekommen. Bei den Personen 2–5 macht sich eine Lichtbildvorlage notwendig. Weiterhin gibt der Befragte an, daß an das Hausgrundstück Dimitroffstr. 100 der Bauhof angrenzt. Wenn Personen durch diese Grundstücke gehen, kommen sie zur Leninstr. und können nicht weiter bemerkt werden. Weitere Angaben konnte er nicht zum Sachverhalt machen.

Danach wurde nochmals der Hbf. aufgesucht. Auf Grund der abgegebenen Personenbeschreibung an die Genossen der Trapo wurden im Laufe des Tages zwei Bürger kontrolliert, die der Personenbeschreibung nahe kommen. Es handelt sich um die Bürger:

Name: Cibulka, Wolfgang
geb.: am 25.7.1940
wohnh.: Karl-Marx-Stadt, Henriettenstr. 46
(Lederjacke)

und

Name: Topf, Herbert
geb.: am 17.8.1941
wohnh.: Karl-Marx-Stadt, Paul-Jäckel-Str. 71

Bei beiden macht sich ebenfalls eine Lichtbildvorlage erforderlich.

In der Selbstbedienungsgaststätte wird der Bürger:
Name: Dachselt, Wilhelm
geb.: 6.1.1896 (Rentner)
wohnh.: Karl-Marx-Stadt, Haydnstr. 10

angetroffen. Bei diesem Bürger handelt es sich um den angegebenen Stammgast der Frau Schwarze. Dachselt wird befragt und gibt an, daß er am gestrigen Tag erst in den späten Nachmittagsstunden die Selbstbedienungsgaststätte betreten hat. Er saß erst eine Zeitlang mit am Tisch, wo mehrere jüngere Personen Platz genommen hatten. Diese Personen haben sich nicht sehr anständig benommen, und aus diesem Grund hat er sich dann auch an einen anderen Tisch gesetzt. Was sich alles unterhalten wurde, konnte er nicht angeben. Nach der Personenbeschreibung befragt, gibt er an, daß sich alle Personen im Anzug befanden, und ihm sei nicht aufgefallen, daß eine dieser Personen eine Lederjacke getragen hat. Später ist jedoch eine Person in einer Lederjacke dazu gekommen. Eine genaue Personenbeschreibung konnte er jedoch nicht abgeben. Er erklärte, daß er am Nachmittag eine von diesen Personen wiedergesehen hat, als sie sich in der Selbstbedienungsgaststätte aufgehalten hat. Er hatte eine Lederjacke an und hat sofort wieder das Lokal verlassen, nachdem er den Befragten gesehen hat. Wo er hingegangen ist, konnte der Befragte nicht angeben. Er hat ihn aber nicht mehr angetroffen, nachdem er nach ihm gesehen hat. Nähere Angaben zur Personenbeschreibung konnte er nicht machen und kennt auch keine der Personen namentlich. Lichtbildvorlage konnte nicht durchgeführt werden. Weitere Ermittlungshandlungen konnten nicht getätigt werden.«
Ansatzpunkte für eine Personenfahndung mit Aussicht auf Erfolg sind in all den Aussagen nicht zu finden, zu allgemein, zu vage, allzu unkonkret.

Und noch einmal begeben sich Ermittler zum im Bett liegenden 1,90-Meter-Mann. Nach seinen immer noch bruchstückhaften und konfusen Angaben ist zu vermuten, dass Manfred Engelbrecht der Polizei genaue Angaben vorenthält, weil er die Täter kennt und sie vor Unannehmlichkeiten schützen will. Aus welchen Gründen schweigt der Verletzte, fragen sich die Kriminalisten, denn zweifellos war es ein Mordversuch, dessen tödlicher Ausgang nur durch Passanten verhindert werden konnte. Allem Anschein nach verbirgt Engelbrecht etwas, oder er steckt gar mit seinen Totschlägern unter einer Decke. Auf jeden Fall sagt das Opfer den Ermittlern nicht die Wahrheit, zumindest bleibt sie unvollständig, und erklärt den Verlauf des Abends nur soweit, wie es ihn erklären muss. Also steht die Polizei keine 24 Stunden später wieder am Bett des Manfred Engelbrecht, und sie werden es so lange tun, bis dessen Widerstand gebrochen ist oder er sich in Widersprüche verwickelt und ermittlungsrelevante Details preisgibt.

»22.3.1965

Protokoll

Am 22.3.1965 führte Unterzeichneter mit dem Engelbrecht im Krankenhaus eine Aussprache. Engelbrecht führte aus, daß er sich zum Sachverhalt noch daran erinnern kann, daß er mit den beiden Tätern über Strafverbüßung gesprochen hat. Er selbst sagte, daß er 5 Jahre Zuchthaus hatte. In diesem Zusammenhang brachte der kleinere von beiden zum Ausdruck, daß er auch erst vor kurzer Zeit aus der Haft entlassen worden ist. Er sagte nicht, weshalb er eingesessen hat. Auch brachte er nicht zum Ausdruck, wie lange er gesessen hat.

Dem Engelbrecht war noch erinnerlich, daß der Täter ausführte, daß er in der Haftanstalt Zwickau gewesen sein will. Über einen dortigen Volkspolizist brachte er zum Ausdruck, daß er von den Häftlingen ›Kopra‹ genannt wurde. Dieser

Volkspolizist hatte den Dienstgrad eines VP-Meisters. Er soll 55 Jahre alt sein und eine Brille tragen. Der VP-Meister soll auch kein gutes Ansehen unter seinen Berufskollegen haben. Weiterhin konnte der Engelbrecht mitteilen, daß der Täter davon gesprochen hat, daß er in der Haftanstalt Zwickau eine Zeitlang im Kommando II war.

Über den Volkspolizisten mit dem Spitznamen ›Kopra‹ führte Engelbrecht aus, daß er diesen Volkspolizisten von seiner Haft her selbst kennt. Den Umständen nach ist anzunehmen, daß der Täter einmal in der Haftanstalt Zwickau gewesen sein muß, da seine Angaben über den Volkspolizisten ›Kopra‹ wahrheitsgetreu ausgeführt wurden.«

Manfred Engelbrecht will offensichtlich nicht mit den Ermittlern reden und Angaben machen, die die Schuldigen an seinem Zustand überführen, denn die Ärzte des Krankenhauses können sich Engelbrechts Gedächtnislücken nicht erklären und senden der Polizei ihre Abschlussdiagnose.: »Es handelt sich um eine leichte Gehirnerschütterung und um eine ca. 6 cm lange, verschmutzte Platzwunde an der Stirnhaargrenze. Nach 5-tägigem Krankenhausaufenthalt konnte der Patient wieder aus stationärer Behandlung entlassen werden.

Der Obengenannte wurde bei uns am 20.3.1965, 20.30 Uhr, eingeliefert. Nach seinen Angaben hatte er, nachdem er 3 Glas Bier getrunken hatte, eine Gaststätte verlassen und war niedergeschlagen worden. Bewußtlosigkeit hatte nicht bestanden. Er gab aber Brechreiz und stärkere Kopfschmerzen an, so daß eine leichte Gehirnerschütterung angenommen werden mußte. An der Stirnhaargrenze fand sich eine ca. 6 cm lange, mit Sand verunreinigte Platzwunde mit zerfetzten Rändern. Die Wunde verlief in querer Richtung. Außerdem bestand eine Nasenblutung. Eine Prellung der Nase muß angenommen werden.«

Die Diagnose und Engelbrechts Verhalten bestärken einen Verdacht: Republikflucht. War der Überfall nur eine Kurzschlussreaktion, um vor den Schwierigkeiten des Alltags zu fliehen? Spontane Entschlüsse, die alles in Frage stellen, sind Jugendlichen manchmal eigen. Gerhard Jäckel schildert eben solchen in seiner Kriminalnovelle *An einem Tag im September* (1971), in der drei halbwüchsige Männer die Konsequenzen ihres Benehmens scheuen: »›Am liebsten würde ich mir den Strick nehmen‹, sagte Udo, und die Freunde glaubten ihm das. Wo aber war der Ausweg, es mußte doch einen Ausweg geben! ›Abhauen!‹ Udo sprach den entscheidenden Gedanken aus. ›In der DDR schnappen sie uns überall!‹ So wurde der Fluchtplan geboren.« Die drei scheitern kläglich.

Aber die Abräumfrau in der Bahnhofsgaststätte, Magda Schwarze, hatte gehört, »daß einer dieser jungen Männer nach Westdeutschland übersiedeln will. Dabei soll es sich um den Größten gehandelt haben.« Also doch: Republikflucht, und diese war gesetzeswidrig. Der Strafrahmen dafür wurde durch das »Paß-Gesetz der Deutschen Demokratischen Republik« vom 15. September 1954 bestimmt. Paragraph 8, Absatz 1 lautete: *Wer ohne Genehmigung das Gebiet der Deutschen Demokratischen Republik nach dem Ausland verläßt, wird mit Gefängnis bis zu drei Jahren bestraft.* Republikflucht! – Der körpergrößte Mann am Tisch in der Mitropa war mit einem Meter neunzig Manfred Engelbrecht höchstselbst.

Weiter noch gedacht: War der Mordversuch an Manfred Engelbrecht gar ein Fall von Spionage im Auftrag des Klassenfeindes? Bereits der Joachim Hellwig hatte zu Protokoll gegeben, dass der Zusammengeschlagene zu ihm gesagt hätte, die Täter »wären ungefähr 20 Jahre alt, hätten ihn wahrscheinlich nicht bloß wegen seinem Geld, sondern aus Spionagegründen überfallen«. Spionagegründe! Und Engelbrecht war einschlägig vorbestraft. Denn er hatte in Westberlin über »Mitarbeiter und Dienststellen der DDR-Sicherheitsorgane« gesprochen. Ein politisches Vergehen, das erhebliche Strafen nach sich zog. Manfred Engelbrecht, ergaben die Recherchen, war aus Spionagegründen zu sechs Jahren Haft verurteilt worden, zwei davon hatte er in Torgau abgesessen, jetzt war er auf Bewährung draußen. Auch die Männer, die mit ihm in der Mitropa tranken, schienen Knasterfahrung zu besitzen. Waren sie aus gleichen Gründen inhaftiert? Agententätigkeit? Verrat von Staatsgeheimnissen? Dem eingedenk erscheint der Fall des Manfred Engelbrecht nicht mehr nur als eine spontane Schlägerei unter aggressiven Saufkumpanen. Der Mordversuch am Lessingplatz erhält politische Dimensionen, und diese lagen ganz in der Hysterie der Zeit.

Anfang der sechziger Jahre des 20. Jahrhunderts eskalierte der Kalte Krieg der Weltsysteme: Panzer am Checkpoint Charlie. Kuba-Krise. Vietnam-Krieg. Auch der Berliner Mauerbau war immer noch omnipräsent und sichtbares Argument für dafür wie für dagegen. Die Trennung Deutschlands bestimmte weltweit Medien und Kunst. Christa Wolfs Erzählung *Der geteilte Himmel* (1963) war gerade in der Verfilmung Konrad Wolfs im Kino angelaufen. Gezeigt wurde auch Harry Thürks Spionage-Reißer *For eyes only* (1963) mit Alfred Müller als »Kundschafter des Friedens«. Ideologisch anders interpretierten die gleichen Vorgänge unter anderem Johannes Mario Simmel in *Lieb Vaterland magst ruhig sein* (1965) und John le Carré als *Der Spion, der aus der Kälte kam* (1963). Film und Roman avancierten zu stilbildenden Klassikern. Vier Regisseure vereinten schließlich in europäischer Koproduktion die *Spione unter sich* (1965) und Klaus Kinski, Henry Fonda, Annie Girardot, Vittorio Gassman, Robert Hussein, Peter van Eyck und Mario Adorf.

Der Überfall auf den Handwerker Engelbrecht am Karl-Marx-Städter Lessingplatz ein möglicher Fall von West-Ost-Spionage? Diese Interpretation aller Indizien war durchaus möglich, und viele Genossen sahen überall den

Klassenfeind. Staatssicherheitsminister Erich Mielke konstatierte: »Genossen, wir sind nicht davor gefeit, dass wir einmal einen Schuft unter uns haben. Wenn ich das schon jetzt wüßte, würde er ab morgen nicht mehr leben. Kurzer Prozess. Weil ich ein Humanist bin. Deshalb habe ich solche Auffassung. Das ganze Geschwafel von wegen nicht Hinrichtung und nicht Todesurteil – alles Käse, Genossen. Hinrichten, wenn notwendig auch ohne Gerichtsurteil.«

Manfred Engelbrechts Entlassung aus stationärer Behandlung »erfolgte am 25.3. Mit einem Dauerschaden ist nicht zu rechnen.« Seitdem ist der Elektriker zu Hause und geht nach wenigen Tagen seiner Arbeit wieder nach, ganz so als sei nie etwas gewesen. Dabei hatte nur Zufall sein Leben gerettet. Für die Polizei kein Ruhmesblatt: Die Täter sind noch nicht gefasst. So bittet man neun Tage nach dem Überfall im Bezirksparteiblatt *Freie Presse* die Bevölkerung um Mithilfe:

»Am Sonnabend, den 20. März, gegen 19.50 Uhr, wurde am Lessingplatz Einmündung Sophienstraße, eine männliche Person von zwei unbekannten männlichen Tätern niedergeschlagen und beraubt. Die geführten Ermittlungen haben ergeben, daß sich beide Täter bis gegen 19 Uhr in der Mitropa-Bahnhofsgaststätte des Hauptbahnhofs aufgehalten hatten und daß anschließend von diesen noch für kurze Zeit die Gaststätte ›Einsiedler Bierquelle‹, Dresdner Straße Einmündung Lessingstraße, aufgesucht wurde. Der Geschädigte hatte sich ebenfalls in diesen Gaststätten aufgehalten. Nach der Tathandlung flüchteten die Täter in Richtung Dimitroffstraße, Leninstraße.

Die Täter werden wie folgt beschrieben: Etwa 22 bis 24 Jahre alt, ungefähr 170 bis 180 cm groß, schlanke Gestalt, dunkles, welliges Haar, volles Gesicht. Diese Person war mit einer dunklen Leder- oder Lederoljacke und dunkler langer Hose bekleidet. Beide Täter trugen keine Kopfbedeckung.

Die Volkspolizei bittet alle Bürger um Mithilfe bei der

Aufklärung des Verbrechens. Wem sind die Personen bekannt, auf die die Beschreibungen zutreffen?

Hinweise, die auf Wunsch vertraulich behandelt werden, sind an das Volkspolizeikreisamt, Helmut-Just-Straße 24, Zimmer 246 oder 44, Tel. 34541, Hausapparat 456 oder 210, zu richten.«

Noch fehlen Hinweise auf die Täter, die Manfred Engelbrecht töten wollten. Kein Schuldiger ist überführt.

III. Limbach: Jahrmarkt, Kellerwiese

Man solls doch auch nicht dramatisieren. Das ist doch keine neue Errungenschaft: Junge Leute stürzen mit ein bißchen verstiegenen Idealen ins Leben, sie kommen mit der rauhen Welt in Berührung – unsanft natürlich –, sie bringen Durcheinander in alte, vielleicht sogar bewährte Einrichtungen, sie kriegen eins auf den Kopf, drei-, viermal. Das ist doch kein Spaß. Was soll dran neu sein?

CHRISTA WOLF: Der geteilte Himmel

»Anzeige

8.4.1965

Am Donnerstag, den 8.4.1965, wurde die Dienststelle gegen 19.00 Uhr durch den VEB Kraftverkehr Limbach-Oberfrohna, Kellerwiese, informiert, daß bei den Frühjahrbelustigungen der Besitzer des Kahnschaukelfahrgeschäftes durch mehrere Personen zusammengeschlagen worden sei. Bei den Schlägern handelt es sich um folgende Personen:

Name:	Lorenz, Hans Guido,
geb.:	25.1.1944 in Döbern/Ostpreußen (jetzt UdSSR)
wohnh.:	Limbach-Oberfrohna, Wolkenburger Sr. 3
besch.:	Asche- und Kohlefahrer
Name:	Urbanowski, Dietmar

geb.: 9.8.1941
wohnh.: Pegau, Wohnlager, Platz der Jugend 14
z. Z. wohnh.: Limbach-Oberfrohna, Jägerstr. 14
besch.: z. Z. beschäftigungslos
Name: Küttner, Gisbert
geb.: 30.3.1945
wohnh.: Hartmannsdorf, Rudolf-Breitscheid-Str. 8
besch.: z. Z. beschäftigungslos
Zusammengeschlagen wurde der Fahrgeschäftsbesitzer:
Name: Exner, Albert
geb.: 9.8.1914
wohnh.: Karl-Marx-Stadt«

Albert Exner, wird bemerkt, ist nicht das einzige Opfer der Übergriffe. Auch sei noch ein weiterer junger Mann an den gewalttätigen Ausschreitungen beteiligt gewesen, der bislang jedoch nicht identifiziert und verhaftet werden konnte. Die Kriminalpolizei nimmt ihre Arbeit auf und stellt alsbald Zusammenhänge fest, die andere Verbrechen klären.

»9.4.1965

Ermittlungsverfahren gegen den Heizer Guido Lorenz

Der Beschuldigte Lorenz steht in dringendem Tatverdacht gemeinschaftlich handelnd mit den Mitbeschuldigten Dietmar Urbanowski, Gisbert Küttner und einem bislang unbekannten Bürger am 8.4.1965 gegen 19.30 Uhr in Limbach-Oberfrohna auf der Kellerwiese den Bürger Albert Exner vorsätzlich mit Faustschlägen und einer Flasche an der Gesundheit geschädigt zu haben. Der Geschädigte wurde mit Verletzungen am Kopf und Blutergüssen im Gesicht in das Krankenhaus eingeliefert. Der Beschuldigte Lorenz steht desweiteren in dringendem Tatverdacht, den Genossen VP-Hauptwachtmeister Truckenbrodt mit einer Weinflasche am Kopf verletzt und an der Ausübung seines Dienstes durch körperliche Gewalt Widerstand geleistet zu haben.« Den Verdacht verschlimmernd, wird bei Guido Lorenz eine Waffe gefunden. Damit ist der Fall nicht so einfach und schnell abzuschließen, wie man angenommen hat. Der Staatsanwalt verfügt: »Zur allseitigen Aufklärung der Zusammenhänge, die u. a. auch im Zusammenhang mit den eingeleiteten Verfahren wegen illegalen Waffenbesitzes Beachtung finden, macht es sich notwendig, die Bearbeitungsfrist im anliegenden Vorgang zu verlängern. Es ist zu prüfen, ob Verbindungen zu Gruppierungen anderer Täter bestehen.« Denn der Fahndungsaufruf in der Zeitung hatte Hinweise erbracht, die die nun Verhafteten als Urheber anderer Straftaten verdächtig erscheinen ließen.

Die *Freie Presse* schreibt: »Der VP-Funk meldet: Raub aufgeklärt: Am 9. April gelang es der VP den am 20. März 1965 bekanntgegebenen Raubüberfall am Lessingplatz in Karl-Marx-Stadt zu klären. Bei den Tätern handelt es sich um den 21-jährigen Guido Lorenz aus Limbach-Oberfrohna und Gisbert Küttner (20) aus Hartmannsdorf. Beide befinden sich in Haft.«

Eine Woche später, am 17. April, verlautbart man Details:

»Die Spur führte nach Limbach-Oberfrohna. Am 20. März wurde am Lessingplatz ein Mann niedergeschlagen. Wir berichteten davon. Der Kriminalpolizei gingen zahlreiche Hinweise zu.

Die Spur führte nach Limbach-Oberfrohna. Am 9. April wurde dort ein Vergehen, Widerstand gegen die Staatsgewalt und gefährliche Körperverletzung, aufgeklärt. Zwei dieser Täter kommen für das Verbrechen am Lessingplatz in Frage. Da ist als erster der 21-jährige Heizer Guido Lorenz. Er arbeitete zuletzt im VEB Sternwäsche, ist ledig und mehrfach vorbestraft. Lorenz' Komplice ist der 20-jährige Gisbert Küttner, ohne Beschäftigung, mehrfach vorbestraft.

Küttner ist in Limbach geboren. Ebenfalls ein skrupelloser Bursche, der nicht zurückschreckt, die eigene Frau zu schlagen. Die Täter sind geständig. Sie waren es, die an jenem

20. März am Lessingplatz einen Mann mit der Bierflasche niederschlugen, ihm das Bargeld abnahmen und dann das Weite suchten. Im Interesse der Bevölkerung erwarten wir harte Strafen für diese gemeingefährlichen Subjekte.« Der Volkszorn ist geweckt und die Täter im Visier der Öffentlichkeit. Die Vorwürfe gegen Küttner und Lorenz werden aufgrund der Beweislage auf mehrmalige »gefährl. Körperverletzung und Aufruhr« erweitert.

»Name:	Lorenz, Hans Guido
geb.:	25.1.1944 in Döbern/Ostpreußen (jetzt UdSSR)
Vater:	Berthold Claußnitzer, 1945 gefallen
Mutter:	Metha Pasold, geb. Lorenz
Beruf:	Legerin
wh.:	Limbach-Oberfrohna, Wolkenburger Str. 3
Vorstrafen:	1959: 5 Monate Gefängnis wegen Fahrraddiebstahl 1959: 6 Monate Gefängnis wegen Unzucht mit Tieren 1962: 4 Monate Gefängnis wegen Sachbeschädigung.

Ich stamme aus einer Arbeiterfamilie und wurde als uneheliches Kind meiner Mutter geboren. Ich habe noch 8 Geschwister. Von 1950 bis 1958 besuchte ich in Oberfrohna die Grundschule und wurde aus der 5. Klasse entlassen. Nach meiner Schulentlassung arbeitete ich bis 1960 bei der Fa. Emil Ernst in Limbach-Oberfrohna als Transportarbeiter. Anschließend nahm ich bei der LPG ›Goldene Ähre‹ in Altenhain die Arbeit als Melker auf, wo ich bis 1962 gearbeitet habe. Von Juni 1962 bis März 1965 war ich im VEB Roter Färber in Kändler als Hilfsarbeiter beschäftigt. Während dieser Zeit habe ich 1962 4 Monate Gefängnis verbüßt. Seit April 1965 bin ich im VEB Sternwäsche in Limbach-Oberfrohna als Heizer beschäftigt, wo ich mich noch heute befinde. Ich bin in der FDJ und im FDGB organisiert. Mein großer Bruder Hermann ist 1957 illegal nach Westdeutschland gegangen und wohnt dort in Bad Sassendorf. Darüber hinaus habe ich noch einige Tanten und Onkels in Westdeutschland wohnen. Mit meinem Bruder Hermann unterhält meine Mutter briefliche Verbindung.«

Zum Tattag sagt Guido Lorenz: Gisbert Küttner »hat mir am 8.4.1965 am Kino am Rathaus in Limbach-Oberfrohna gegen 13.30 Uhr beim Trinken einer Flasche Bier erzählt, daß er den Automaten beim Hartmannsdorfer-Kreuz, er nannte auch das Geschäft, welches sich dort befinden soll, geknackt habe. Er erzählte mir im gleichen Zusammenhang, daß er seinen Anzug, sein Oberhemd, seinen Selbstbinder, einen Perlonmantel und die Uhr verbrannt habe. Ich habe nicht nach dem Grund gefragt, weshalb er diese Kleidungsstücke verbrannt hat.« Auch von Dietmar Urbanowski sind ihm strafbare Handlungen bekannt, so brach dieser zum Beispiel in den Keller vom Selbstbedienungsladen ein.

»Den Küttner«, so fährt Guido Lorenz fort, »kenne ich durch meinen Freund Alfons Kruppa, und zwar schon aus meiner Schulzeit. Ich habe Küttner am 19.3.1965 wiedergetroffen, als ich ihn traf, hatte ich ihn über ein Jahr nicht gesehen.

F: Es war bei dieser Begegnung von Ihnen darüber gesprochen worden, nach dem Westen zu gehen. Aus welchem Grunde wollten Sie dies unternehmen und wie stellte sich Küttner dazu?

A: Die Rede war von mir zuerst darauf gebracht worden. Es war von mir eine schnelle Idee, einen besonderen Grund hierfür hatte ich nicht. Ich habe davon auch zu Küttner gesprochen. Er sagte, daß er in Hartmannsdorf einen Mann mit einer Flasche niedergeschlagen hätte. Er hätte auch keinen Grund dazu gehabt. Es wäre auch nur so eine plötzliche Idee von ihm gewesen. Ich habe zu ihm gesagt, was er denke, was würde, wenn sie ihn erwischten, da ginge er ganz schön ab. Das beste wäre, wenn er hier abhaue, wir könnten ja beide zusammen gehen. Küttner war aber mit sich noch nicht fertig geworden. Er hatte sich noch nicht völlig entschlossen, mitzumachen, und schwankte noch. Später hat er sich dann entschlossen, doch mitzumachen.«

Und so haben sie den Plan gefasst, in Westberlin die Grenze zu übertreten. Für das Geld, das sie benötigten, wollten sie einen Taxifahrer berauben. Der Engelbrecht hätte sie dann auf die Idee mit einem Juwelier gebracht, weil Schmuck und Uhren etc. mehr einbringen würden und sie nicht gleich wieder Pleite wären. So haben sie in der Mitropa darüber diskutiert. »Damit wir gleich zu Geld kämen, machte Küttner dann den Vorschlag, in eine Gartenkantine einzubrechen, um dort Geld zu stehlen, er wisse schon eine, wir sollten mitkommen, das wollten wir auch, unterwegs zu dieser Kantine sind wir dann nochmals in eine Gaststätte, die ›Einsiedler Bierquelle‹, gegangen.«

Aber da war das Trio sich wohl bereits uneins. »Mir hat selbst am Verhalten des Engelbrecht einiges nicht gefallen. So hatte er schon am Tisch in der Mitropa bei unserem Gespräch über die Republikflucht so laut gesprochen, daß es andere hören konnten. Als es darum ging, daß ein Taxifahrer nach meinem Vorschlag niedergeschlagen werden sollte, hatte er die meiste Angst gezeigt, als wir dann beschlossen hatten, ein Kraftfahrzeug zu stehlen, und als wir das an den Autos vorm Hauptbahnhof probierten, hatte er plötzlich einen ihm bekannten Mann angesprochen und ihm unsere Absicht auch noch erklärt. Er wollte auch nicht sofort mit über die Grenze gehen und noch ein paar Tage in Leipzig warten. Er redete mir einfach zuviel darüber und auch zu anderen. Ich war der Meinung, daß, wer wirklich die Absicht hat, mitzumachen, darüber nicht zu anderen spricht. Deshalb zweifelte ich auch daran, ob er wirklich die Absicht des Grenzübertrittes hatte und nicht etwa anzeigen könnte.«

Mutter Metha Pasold verzweifelte an ihrem Sohn, Guido hatte »einfach keine Lust zum Lernen«, er musste, weil sie mit ihm nicht fertig wurde, zwischenzeitlich gar ins Heim. Dann endlich hatte er regelmäßige Arbeit im »Roten Färber«, der »Feinwäsche Bruno Freitag«, sie hoffte, er hätte seine wilden Jahre hinter sich. Dem sei nicht so gewesen, stellte sie jetzt fest, aber er sei eben nicht ihr einziger, das verlange zuviel Kraft.

Der »Rote Färber« war eine »Bleicherei, Färberei und Appretur für Stück- und Strangwaren«, nach 1946 wurde im gelben Klinkerbau auch eine Streichgarnspinnerei eingerichtet, der ganze Betrieb war Werk III des »VEB Trikotageausrüstungswerkes Hartmannsdorf«. Guido Lorenz' Arbeitskollektiv schätzt ein: »Der Kollege besitzt ein gutes Reaktionsvermögen, welches er weit besser ausnutzen könnte, wenn er mehr Interesse an der Arbeit hätte. Es muß gesagt werden, daß er in der Arbeit nicht zuverlässig ist und gern Bummelschichten einlegt. In der Zusammenarbeit mit seinen Kollegen ist er verträglich und hilfsbereit.« Aber Guido Lorenz sei gesellschaftlich desinteressiert und habe bereits einen Verweis aufgrund mangelnder Arbeitsdisziplin erhalten. Über die ihm zur Last gelegten Straftaten erfolgte bereits eine »Auswertung im Arbeitskollektiv«. Über eine Wiedereinstellung nach verbüßter Haft sei man sich unter den Kollegen noch nicht wirklich sicher. Doch wird die zu erwartende Haftstrafe weit höher sein, als dass sich die Brigade heute dazu entscheiden müsste.

Der zweite Verdächtige im Fall des Manfred Engelbrecht gibt zu Protokoll:

»Name:	Küttner, Gisbert Amandus
geb.:	30.3.1945
Eltern:	Kartonagenarbeiter in Limbach-Oberfrohna
wh.:	Otto-Nuschke-Str. 22

wh.:	Hartmannsdorf, R.-Breitscheid-Str. 8
Vorstrafen:	1962: 1 Jahr Gefängnis wegen Körperverletzung.

Ich wurde als Kind meiner Eltern geboren und habe noch einen Bruder im Alter von 23 Jahren. Meine Kindheit verbrachte ich ausschließlich im Elternhaus und wurde von diesen erzogen. Von 1951 bis 1959 besuchte ich in Limbach-Oberfrohna die Grundschule und wurde aus der 7. Klasse entlassen. Im 5. Schuljahr wurde ich wegen schlechten schulischen Leistungen nicht versetzt. Nach meiner Schulzeit wollte ich Bergbaulehrling werden und habe in Lößnitz bzw. Oelsnitz im Steinkohlenbergbau die Lehre begonnen. Wegen einem Augenfehler mußte ich diese Lehre nach einem ¼ Jahr aufgeben. Anschließend bin ich als jugendlicher Arbeiter zur Fa. Müller und Franke, Limbach-Oberfrohna, gegangen, wo ich 1960 tätig war. Von 1960 bis Dezember 1964 war ich im Dieselkraftmaschinenwerk in Rabenstein, wo ich mich zum Hobler qualifiziert habe. Danach bin ich als Gußputzer zur Fa. Wirth nach Hartmannsdorf gegangen und war dort bis Januar 1965 tätig. Von Januar bis Februar war ich im VEB Altstoffhandel in Limbach als Beifahrer und bin anschließend in meine jetzige Firma. Bemerken möchte ich, daß ich von der Fa. Gräfe am 3.4.1965 ohne Grund entlassen worden bin. Z. Zt. habe ich keine Beschäftigung.« Weiter sagt Gisbert Küttner, er sei verheiratet und Vater eines Kindes. Während seiner Vorstrafe habe er im Knast 8. Klasse nachgemacht. Zurzeit läuft gegen ihn ein Verfahren wegen Körperverletzung, er habe mit einer Bierflasche zugeschlagen.

Auf die Frage, was er und Lorenz nach dem Mordversuch an Manfred Engelbrecht getan haben, antwortet Gisbert Küttner: »Mit dem Lorenz bin ich dann in Richtung Fritz-Heckert-Platz gegangen. Lorenz hatte seinen Entschluß noch nicht aufgegeben, die DDR illegal zu verlassen und wollte wieder ein Fahrzeug entwenden. Ich habe mich daraufhin willenlos leiten lassen und war damit einverstanden. Auf dem Kaßberg in der Nähe der Reichsstraße fanden wir einen unverschlossenen Lkw. Beide setzten wir uns auf den Führersitz, und Lorenz versuchte, den Lkw in Gang zu bringen, was ihm aber nicht gelungen ist. Daraufhin stieg ich aus und sagte zu Lorenz, laß dies, es hat keinen Zweck, ich gebe aber zu, wenn Lorenz den Lkw in Gang gebracht hätte, wäre ich mit diesen entweder nach Berlin oder anderswo an die Grenze gefahren und hätte auch die DDR versucht, mit diesem zu verlassen. Da wie schon angeführt, Lorenz es nicht fertig brachte, sind wir dann in die Gaststätte ›Fuchsbau‹ gegangen und anschließend mit dem Bus nach Hause gefahren.«

Was die beiden Republikflüchtigen zunächst nicht bemerkten, der Lkw, den sie nicht in Gang brachten, war einer der Nationalen Volksarmee. Er wäre sofort zur Fahndung ausgeschrieben und mit andern Mitteln geführt worden. Küttner und Lorenz wären kaum über die Stadtgrenzen von Karl-Marx-Stadt hinausgekommen.

»F: Guido Lorenz sagte, daß Sie am Tag des Überfalls auf Albert Exner frühmorgens Ihren Anzug, Ihr Oberhemd, Ihren Selbstbinder, Ihren Perlonmantel und die Uhr verbrannt haben. Warum haben Sie das getan?

A: Ich war betrunken. In diesem Zustand wollte ich mir die Pulsadern aufschneiden. Meine Frau sollte die Bekleidungsstücke nicht bekommen. Den ersten Schnitt habe ich am Montag, den 5.4.1965, ausgeführt. Die Pulsader wurde nicht durchschnitten. Mir fehlte zur Vollendung dieses Vorhabens der Mut. (Die Recherchen ergaben, dass Gisbert Küttner bereits 1960 einen Selbstmordversuch unternahm. ›Aus nichtigen Gründen‹, steht im Protokoll.) Den 2. Schnitt habe ich am 7.4.1965 ausgeführt. Auch hier fehlte mir der Mut. Ich hatte die Pulsader frei gehabt. Der Grund zu diesen Selbstmordabsichten ist die zu erwartende Strafe, mit der ich aufgrund meiner Verbrechen rechnete. Ich tat dies, weil ich den alten Mann mit einer Bierflasche niedergeschlagen hatte.

F: Sie waren ohne Arbeit, wovon haben Sie gelebt?

A: Ich habe von den Speisen gelebt, die ich zuvor gekauft hatte.

F: Sie haben den Tod Ihres Opfers einbezogen?

A: Er sollte uns und unseren Plan nicht verraten. Wir hatten Angst, daß er uns etwas antut. Im Faustkampf wären wir ihm unterlegen.

F: Wie schlugen Sie und Lorenz den Manfred Engelbrecht nieder?

A: Ich stand unmittelbar am Kopf vom Engelbrecht. In dieser Stellung habe ich dann mit voller Wucht von oben herunter nach dem Kopf vom Engelbrecht gezielt. Ich habe auch getroffen. Hemmungen hatte ich bei dieser Handlung nicht. Auch als ich am Tage zuvor den älteren Herrn in Oberfrohna in der Werkstatt mit der Bierflasche niederschlug, hatte ich keine solchen Hemmungen. Mir kam der Gedanke, du schlägst ihn mit der Bierflasche auf den Kopf, und dann schlug ich auch zu. Einen Grund hatte ich dort nicht gehabt. Wir hatten uns gut unterhalten, haben zusammen Bier getrunken, das ganze Zusammensein bis zu dem Zeitpunkt, als ich ihn niederschlug, ist mir in angenehmer Erinnerung. Auch dieser ältere Herr konnte durch den Schlag mit der Bierflasche tödlich getroffen werden und tot umfallen. Als ich den Engelbrecht dort liegen sah, sah ich den Stein liegen, und da kam mir der Gedanke, denselben Engelbrecht auf den Kopf zu hauen. Ohne, daß ich hierbei Hemmungen hatte, führte ich die Handlung aus. Genauso war es auch in Limbach bei dem Widerstand gegen die Volkspolizei. Ich hatte kein Gefühl des Mitleidens verspürt, das Gefühl, ihm helfen zu müssen, gab es bei mir nicht. Auch als ich ihn dann blutüberströmt stehen sah, Leute kamen, und wir begannen zu laufen, verspürte ich kein Gefühl der Angst. Lorenz konnte nicht schnell rennen. Er war auf den Rücken gefallen bzw. hatte sich dort beim Sturz auf den Engelbrecht verletzt. Ob er irgendwie Angst hatte, weiß ich nicht.

F: Sie waren Boxer?

A: Ich habe vier Jahre aktiv geboxt und 36 Kämpfe im Ring gehabt. Fast alle Kämpfe wurden von mir gewonnen.

F: Wie kann Ihnen der Engelbrecht im Faustkampf überlegen sein, wenn Sie selbst aktiv geboxt haben?

A: Engelbrecht sollte bewußtlos zusamengeschlagen werden, damit wir allein weitergehen können.

F: Wann kamen Sie auf den Gedanken, Manfred Engelbrecht zusammenzuschlagen?

A: Der Gedanke, ihn loszuwerden, und zwar so, daß er uns nicht mehr verraten konnte, kam mir in der Gaststätte, in die wir nach Verlassen des Bahnhofs gegangen waren. Engelbrecht kannte auch in dieser Gaststätte eine Frau und einen Mann, mit dem er sich in unserer Abwesenheit unterhielt. Die Gelegenheit, bei der ich mit Lorenz allein am Tisch saß, benutzte ich, um mich mit ihm abzusprechen. Ich sagte ihm, daß wir Engelbrecht loswerden müßten, er müsse verschwinden, er sei zu schwatzhaft und könnte uns verraten. Ich habe ihm nicht wörtlich gesagt, daß Engelbrecht getötet werden sollte, aber ich weiß, daß es Lorenz so aufgefaßt hatte, und so war das ›Verschwinden‹ von mir auch gemeint. Ich erklärte ihm nun meinen Plan, Engelbrecht in eine dunkle Straße zu locken und dort niederzuschlagen. Wir verließen dann mit Engelbrecht die Gaststätte. Er befand sich offenbar in dem Glauben, daß wir zu dem Kiosk gingen. Unterwegs ging ich mit Lorenz hinter Engelbrecht und besprach mit ihm, daß er, weil er gerade eine Bierflasche hatte, von hinten mit dieser auf den Kopf des Engelbrecht schlagen sollte, und zwar dann, wenn ich mit der Zunge schnalzte. Lorenz war damit einverstanden. Ich lief mit Engelbrecht vor Lorenz.

Nach einigen Schritten ließ sich Lorenz von Engelbrecht den Hut geben, weil es ihm angeblich nur am Kopf friere, mir war aber klar, daß Lorenz das nur deswegen tat, weil er für den Schlag den Kopf des Engelbrecht freihaben wollte. Kurze Zeit später war es dann an der Sophienstraße auch soweit. Wir hatten eine dunkle Stelle erreicht, und es waren auch keine Leute in der Umgebung. Ich schnalzte mit der Zunge, und Lorenz schlug vereinbarungsgemäß zu. Die Bierflasche zersprang. Engelbrecht schrie auf und lief davon. Lorenz ihm nach. Er erreichte ihn in der Nähe der Straßenlaterne wieder, und dabei kam Engelbrecht zu Fall. Dann hat Lorenz auf ihn eingeschlagen, als er noch am Boden lag. Ich selbst war durch die Wirkung des Flaschenschlages des Lorenz etwas enttäuscht. Ich hatte gehofft, daß Engelbrecht gleich totgeschlagen wäre. So aber stand er wieder auf. Ich beschloß nun, Engelbrecht selbst zu erschlagen, und sah mich nach einem Gegenstand um, d. h., ich wurde schon auf einen Stein aufmerksam, der bei dem Handgemenge von einem Zementsockel eines Straßenschildes heruntergefallen war. Diesen ergriff ich nun, stellte mich über Engelbrecht und warf ihn mit voller Wucht auf dessen Kopf in der Absicht, daß er dadurch nunmehr getötet wurde. Engelbrecht stand aber auch danach wieder auf. Wohin er lief, weiß ich nicht, denn es kamen zu dieser Zeit Leute auf der Straße, und wir mußten flüchten. Lorenz ist mit mir zusammen fortgelaufen, und zwar in Richtung Fritz-Heckert-Platz. Wir versuchten in dieser Nacht noch, ein Kraftfahrzeug zu stehlen. Es glückte uns aber nicht, und so sind wir nach Hause gegangen. Ich rechnete nicht damit, daß Lorenz oder ich ergriffen werden könnten. Engelbrecht kannte uns nicht namentlich, und wir hatten auch nichts über uns erzählt. Ich bereue meine Handlungsweise und sehe ein, daß ich vieles falsch gemacht habe. Ich will wiedergutmachen.«

Der Leumund des Gisbert Küttner ist negativ, zu oft ist er unangenehm aufgefallen, er galt als streitsüchtig und leicht erregbar. Die Kollegen sagen in ihrer Brigadeversammlung zur Polizei: »Der Küttner war etwas vermuckt. Sein Vater ist invalid. Getrunken hat er auf Arbeit wenig, aber dafür außerhalb. Mich hat eines gewundert, wie man Küttner in die FDJ lassen konnte. Ich würde Küttner kurz und bündig aburteilen. Jede Minute und jede Stunde dafür zu verschwenden, ist absolut sinnlos. Küttner fühlt sich direkt wohl, wenn er eingesperrt wird. Küttner ist roh, der haut alles zusammen.«

Sechs Wochen später konstatiert der »Zwischenbericht:

18.5.1965

Am 8.4.1965 wurde gegen den Beschuldigten Guido Lorenz und zwei andere Täter ein Ermittlungsverfahren eingeleitet. Die Täter werden beschuldigt Verbrechen im Sinne der §§ 113 Abs. 1, 223 a in Verb mit 225 StGB begangen zu haben. Mit diesem Verfahren wurde der Raubüberfall auf den Bürger Manfred Engelbrecht geklärt. Als Täter kommen die im Vorgang ermittelten Täter Lorenz und Küttner in Frage. Mit der Vernehmung des Geschädigten Engelbrecht und beider Beschuldigten ergeben sich Widersprüche, die der weiteren Klärung bedürfen. Es ist desweiteren notwendig, die Beschuldigten im Detail zum Motiv ihrer Handlungen beim Überfall auf den Polizeiangehörigen und im besonderen zum Motiv zum Raubüberfall auf den geschädigten Engelbrecht zu vernehmen. Dies macht sich u. a. auch deshalb notwendig, da es sich bei dem Geschädigten um einen wegen Spionage vorbestraften Bürger handelt, der von den Beschuldigten in den geplanten Grenzdurchbruch eingeweiht wurde und eine Teilnahme ablehnte.« Folgerichtig erhält der Fall behördenintern, weil politisch und bewaffnet, größere Aufmerksamkeit, und »aus dem Kreise der Bevölkerung ergaben sich weitere Hinweise, wonach Lorenz des Diebstahls verdächtigt wird«.

Am 9. April ergeht der Haftbefehl. »Gründe: Gegen die Bürger ist ein Ermittlungsverfahren wegen gemeinschaftlicher schwerer Körperverletzung und Widerstand gegen die Staatsgewalt eingeleitet. Die Bürger Lorenz und Küttner stehen weiterhin im dringenden Tatverdacht, einen Raub begangen zu haben. Gleichzeitig planten die drei Bürger, die Republik zu verlassen. Aus diesen Gründen macht sich eine Durchsuchung erforderlich, da anzunehmen ist, daß sich Beweismittel in der Wohnung befinden.«

Unter der erdrückenden Beweislast gesteht am 10. April der Beschuldigte Guido Lorenz, was von ihm nicht mehr zu leugnen ist: »Ich wiederhole meine gestrigen Angaben, die in der Niederschrift vom 9.4.1965 richtig und vollständig festgehalten wurden. Ich gebe also zu, daß ich am 8.4.1965 den Geschädigten Alfred Exner mit einer Weinflasche auf den Kopf geschlagen habe, nachdem er mich angegriffen und geschlagen hatte. Ich bestreite auch nicht, daß ich dem VP-Angehörigen Truckenbrodt aktiven Widerstand geleistet habe, wobei ich ihm eine Weinflasche an den Kopf warf. Ob Küttner und Urbanowski mit auf den Exner eingeschlagen haben, habe ich nicht gesehen, weiß aber, daß sie dem VP-Angehörigen Widerstand geleistet haben. Was die Straftat vom 23.3.1965 in Karl-Marx-Stadt anlangt, so gebe ich zu, daß ich gemeinsam mit Küttner den Geschädigten Manfred Engelbrecht überfallen habe. Ich habe dem Geschädigten aber nichts weggenommen. Ich hatte nur seine Handschuhe im Besitz, die er mir bereits in der Mitropa-Gaststätte geliehen hatte, da ich an die Finger fror. Alle weiteren Einzelheiten, sind, wie gesagt, in der Niederschrift vom 9.4.1965 richtig wiedergegeben worden, und ich vermag ihnen auch heute nichts hinzuzufügen, wiederhole sie und mache sie zum Gegenstand und Inhalt meiner heutigen richterlichen Vernehmung. Daß ich mit Küttner verabredet hatte, die DDR illegal zu verlassen, muß ich ebenfalls zugeben. Daß ich am 18.3.1965 gemeinsam mit dem Bodo Koltehoff auf der Chemnitzer Straße in Limbach-Oberfrohna einen Zigaretten-Automaten eingeschlagen und daraus mir ca. 20 Schachteln Zigaretten entwendet habe, habe ich bei meiner gestrigen Vernehmung weiterhin eingeräumt und wiederhole auch insoweit meine Angaben. Weitere Straftaten habe ich nicht begangen.«

Da Gisbert Küttner und Guido Lorenz den Mordversuch und eine von ihnen geplante Republikflucht gestanden haben, erscheint ihr Opfer Manfred Engelbrecht doch nicht mehr so unschuldig, wie bisher von den Ermittlern angenommen. Er war in die Pläne einer Republikflucht eingeweiht, hat sie gar befördert und Vorschläge gemacht. Er wird als Zeuge vorgeladen und weiß, wie ernst seine Lage ist.

»2.6.1965 / 13–16 Uhr

Vernehmungsprotokoll

A: Ich wurde belehrt, daß ich gem. § 45 der Strafprozessordnung zur Aussage verpflichtet bin und meine Aussagen gem. § 50 StPO auf Beschluß des Gerichts beschwören muß. Über die strafrechtlichen Folgen einer unrichtigen oder unvollständigen Aussage sowie über die Bedeutung des Eides wurde ich belehrt.

F: Entspricht es den Tatsachen, daß Sie sich mit den Beschuldigten Lorenz und Küttner über das Erbrechen eines Kioskes unterhalten haben?

A: Nachdem wir die ›Einsiedler Bierquelle‹ verlassen hatten, hat meines Erachtens nach der kleinere von beiden, d. h. der Lorenz, den Vorschlag gemacht, einen Kiosk zu erbrechen. Sinngemäß sagte er, daß er eine Stelle wüßte, wo man ungestört einen Kiosk knacken könne. Im gleichen Zusammenhang brachte er zum Ausdruck, daß es nicht weit wäre und höchstens eine viertel Stunde zu Fuß zu laufen ist. Zuvor haben wir uns über das Erbrechen eines Kioskes nicht unterhalten. Bereits zuvor unterhielten wir uns in der Mitropa darüber, daß wir nach dem Westen abhauen wollten. In diesem Zusammenhang sagte der Küttner zu mir, es war der größere von beiden, daß sie mit dem Taxi wegfahren wollten und den Taxifahrer unterwegs etwas vor den Kopf hauen und aus dem Wagen schmeißen wollten.

F: Waren Sie mit dem Vorschlag, den Kiosk zu erbrechen, einverstanden?

A: Ich habe mich zu diesem Vorschlag nicht geäußert. Ich bin auf den Vorschlag hin mitgelaufen. Unterwegs wollte ich mich verabschieden.

Auf Vorhalt: Warum haben Sie Ihre Ablehnung nicht bekundet?

A: Für mich stand von vornherein fest, daß ich die Sicherheitsorgane verständigen und ihnen die Absicht der beiden Personen, d. h. die Absicht des Einbruches und des geplanten Grenzdurchbruches, mitteilen wollte. Die beiden Personen habe ich von meiner Absicht nichts wissen lassen.

F: Wann und wo haben Sie sich verabschiedet?

A: Es war in der Nähe des Lessingplatzes in Karl-Marx-Stadt. Ob ich heute diese Stelle noch zeigen kann, ist fraglich, da es zu dem damaligen Zeitpunkt finster war. Der Grund für die Verabschiedung war der gewesen, daß ich die Dienststelle verständigen wollte. Ich hatte vor, von einer Telefonzelle im Hauptbahnhof anzurufen.

F: Sie waren an dem betreffenden Tage den ganzen Tag mit den beiden Beschuldigten zusammen, warum haben Sie nicht zuvor die Dienststelle der Sicherheitsorgane verständigt?

A: Ich entschied mich zu dem Anruf, nachdem sich die ganze Sache zuspitzte. Praktisch dann, als sie sich entschlossen, einen Einbruch zu begehen.

F: In welcher Form erfolgte die Verabschiedung?

A: Wir liefen zusammen in Richtung Lessingplatz bzw. in

einer Seitenstraße des Lessingplatzes. Auf diesem Wege ist kaum ein Wort gefallen. Von vornherein stand für mich fest, daß ich die geplanten Straftaten nicht mitmache, ich suchte nur nach einer günstigen Gelegenheit, um mich aus der Affäre zu ziehen. Zu den beiden sagte ich folgendes: Ich habe noch zwei Jahre Bewährung und habe noch drei Jahre abzusitzen. Außerdem muß ich noch Rücksicht auf meine Angehörigen nehmen und habe mir überlegt, daß ich nicht mitmache, sondern nach Hause gehe. Die beiden Personen Lorenz und Küttner brachten, so gut ich mich erinnern kann, sinngemäß zum Ausdruck, daß sie damit einverstanden wären. Ich gab beiden die Hand, drehte mich um und ging den Weg, den wir gekommen waren, zurück. Nachdem ich nur zwei oder drei Schritte gegangen war, bekam ich einen Schlag mit einem harten Gegenstand an den Hinterkopf.

F: Trugen Sie zu diesem Zeitpunkt Ihren Hut?

A: Ich bin der Meinung, daß ich zu diesem Zeitpunkt meinen Hut getragen habe. Hinterher stellte ich dann fest, daß der Hut weg war. Ich kann mich nicht erinnern, den Hut einen der beiden Beschuldigten gegeben zu haben.

F: Waren Sie damit einverstanden, daß die Flucht nach Westberlin mit einem Taxi ausgeführt werden sollte? Waren Sie damit einverstanden, daß der Taxifahrer niedergeschlagen werden sollte?

A: Ich war nicht einverstanden, daß die Flucht nach Westberlin mit einem Taxi ausgeführt werden sollte. Auch war ich nicht damit einverstanden, daß der Taxifahrer niedergeschlagen wird. Ich sagte zu den beiden, die diesen Vorschlag praktisch gemeinsam vortrugen, sinngemäß folgendes: Ich bin nicht damit einverstanden, wenn man bei einer solchen Sache erwischt wird, das wird zu teuer.

F: Wie reagierten Lorenz und Küttner auf diese Erklärung?

A: Sie waren mit mir nicht ganz einer Meinung. Der kleinere von beiden, der Lorenz, sagte dann, daß es doch sicherer wäre mit dem Taxi zu fahren. Er begründete dies damit, daß man mit der Taxe schneller wäre. Wer den Vorschlag machte, die Staatsgrenze in Westberlin zu durchbrechen, kann ich nicht sagen. Ich hatte nicht das Gefühl, daß man mir auf Grund meiner Ablehnung böse war, zumindestens hat man das nicht zum Ausdruck gebracht.

F: Mußten oder konnten die beiden Beschuldigten Lorenz und Küttner auf Grund Ihrer Erklärungen hinsichtlich Ihrer Strafverbüßung wegen Spionage annehmen, daß Sie bei den Sicherheitsorganen Anzeige erstatten, Anzeige erstatten über die geplanten Straftaten?

A: Ich habe den beiden Personen Lorenz und Küttner folgendes erzählt: Ich habe sechs Jahre wegen Spionage in Haft gesessen bzw. bin dazu verurteilt worden. Meine Strafe bekam ich deshalb, weil ich in Westberlin Angaben über Mitarbeiter und Dienststellen der Sicherheitsorgane gemacht habe. Ich brachte in der Folge weiter zum Ausdruck, daß ich Mitarbeiter der Staatssicherheit kennen würde bzw. gekannt habe. Wie die beiden Personen dies aufnahmen, kann ich heute nicht mehr sagen. Ohne Aufforderung zeigte ich ihnen dann den Entlassungsschein aus der Strafvollzugsanstalt in Torgau. Hier war zu lesen, daß ich dort zwei Jahre Freiheitsstrafe verbüßt hatte. Der Grund der Strafverbüßung ist nicht enthalten. Weiterhin zeigte ich ihnen einen Schein der NVA. Dort war zu lesen, daß ich für eine bestimmte Zeit von der Wehrpflicht ausgeschlossen bin. Der Grund war auch hier nicht zu lesen. Ich besitze kein Schriftstück, aus dem hervorgeht, daß ich wegen Spionage verurteilt wurde. Ein solches Schriftstück konnte ich folglich den beiden benannten Personen auch nicht zeigen.

F: Warum haben Sie den beiden Personen Mitteilung über Ihre Verurteilung gemacht? Warum sagten Sie ihnen, daß Sie wegen Spionage verurteilt wurden?

A: Ich kann jetzt nicht mehr sagen, wie wir auf dieses Gespräch kamen. Ich kann mich jedoch erinnern, daß beide erzählten, sie wären in Haft gewesen. Bei ihnen waren es irgendwelche kriminelle Sachen. Persönlich fühlte ich mich genötigt zu sagen, daß ich wegen politischer Sachen verurteilt wurde.

Auf Vorhalt: Der Beschuldigte Küttner sagt folgendes aus: ›Im Verlaufe des Gesprächs brachte Engelbrecht den Vorschlag, auf der Fahrt nach Berlin über Leipzig zu fahren. Er sagte, daß er dort einen Freund habe, bei dem man übernachten könne. Während des Aufenthaltes in Leipzig sollte entweder in einem Uhrengeschäft oder einem Optikergeschäft eingebrochen werden.‹ Der Beschuldigte Lorenz sagt aus: ›Auf dem Wege zur genannten Gaststätte ›Einsiedler Bierquelle‹ kamen wir an einem Uhrengeschäft vorüber. Dort sagte der Engelbrecht, daß wir nach Leipzig fahren können und dort in ein paar solcher Uhrengeschäfte einbrechen müßten. Bevor er nach dem Westen abhaut, wollte er noch ein paar Schmucksachen mitnehmen.‹ Was haben Sie hierzu zu sagen?

A: Ich kann nur sagen, darüber ist mir absolut nichts bekannt. So besoffen war ich nicht. Ich war etwas angesäuselt, aber nicht betrunken.

Die Zeugenvernehmung wurde gegen 14.30 Uhr unterbrochen. Es macht sich eine Gegenüberstellung des Zeugen Engelbrecht mit den Beschuldigten Lorenz und Küttner notwendig.«

Später erklärt Manfred Engelbracht, dass er bereits Mittag in der Mitropa gegessen habe und da schon auf Küttner und Lorenz getroffen sei. An welchem Tisch die zwei Platz genommen hatten, sei ihm nicht erinnerlich. Aufruhr gab es in der Zeit, weil einem Soldaten die Aktentasche entwendet worden ist. Wenn er jetzt darüber nachdächte, könnte es schon sein, dass die beiden die Tasche gestohlen haben. Aber Beweise dafür hat er keine. Danach sei Manfred Engelbrecht zum Einkauf in die Stadt gegangen und erst gegen 15

Uhr sei er in der Mitropa wieder auf Küttner und Lorenz getroffen und habe sich zu ihnen an den Tisch gesetzt. Für die Ermittler ergeben sich hier Widersprüche, denn ein Zeuge, Ansgar Seppelt, hat sich gemeldet, der seinen Kollegen Manfred Engelbrecht in Begleitung von Guido Lorenz auf seinem Weg zum Bahnhof traf. Er wollte seinen Zug 13.15 Uhr erreichen. Wie Manfred Engelbrecht ist Ansgar Seppelt an der TH Karl-Marx-Stadt angestellt und war über den Zustand seines Kollegen wie die Äußerungen überrascht.

»11.6.1965

Protokoll

Der Engelbrecht kam mir entgegen und schwankte sehr. Ich habe ihn gefragt: ›Was ist denn mit dir los?‹ Ich war der Meinung, daß Herr Engelbrecht an diesem Tage ganz schön angetrunken war. Auf meine Frage lachte Herr Engelbrecht zunächst und brachte sinngemäß zum Ausdruck, daß ich bei der Arbeitsstelle nichts erzählen sollte, daß ich ihn getroffen habe. Herr Engelbrecht hat mir nicht gesagt, warum ich der Arbeitsstelle nichts erzählen sollte. Ich konnte mir dieses aber selbst denken. Herr Engelbrecht war nämlich an dem Tage nicht arbeiten gewesen, und das ist der Grund, warum ich nicht erzählen sollte, daß ich ihn getroffen habe. Ich habe Herrn Engelbrecht dann gesagt, daß er nach Hause gehen soll. Herr Engelbrecht sagte mir aber, daß er nicht nach Hause geht. Einen Grund hat er nicht angegeben. Engelbrecht brachte noch zum Ausdruck, daß er überhaupt nicht mehr nach Hause geht. Ich selbst konnte mir nicht denken, warum Herr Engelbrecht nicht mehr nach Hause gehen wollte.«

Seppelt habe darauf bestanden, dass Engelbrecht erst mal seinen Rausch ausschlafen sollte. Da sagte Lorenz: »Gib mir mal eine Mark.« Das tut Ansgar Seppelt nicht, und Engelbrecht meint zu seinem Begleiter: »Kollegen pumpen wir nicht an!«

F: Hat sich der Ihnen unbekannte junge Mann darüber unterhalten, daß er nach dem Westen will. Oder hat er mit Ihnen noch andere Gespräche geführt?

A: Davon ist mir nichts bekannt. Der mir unbekannte junge Mann hat sich mit mir nicht weiter unterhalten.

F: Hat der Engelbrecht zu Ihnen gesagt, daß er nach dem Westen abhauen will? Hat er davon gesprochen, daß er nach dem Westen will?

A: Auch davon ist mir nichts bekannt. Herr Engelbrecht hat sich mit mir nicht darüber unterhalten, daß er nach dem Westen abhauen will. Er hat auch nicht davon gesprochen, wie er nach dem Westen will. Herr Engelbrecht hat sich mit mir auch nicht darüber unterhalten, wer der junge Mann ist und was er mit dem jungen Mann vorhat.

Auf Vorhalt: Der Ihnen unbekannte junge Mann (Lorenz) gibt in den Vernehmungen folgendes an: ›Herr Engelbrecht sprach den Herrn Seppelt an. Er hat sich von ihm verabschiedet und sagte sinngemäß: ›Horch mal drauf, ich haue nach dem Westen ab.‹ Seppelt sagte daraufhin: ›Mach keinen Mist, du wirst morgen wieder auf Arbeit sein.‹

A: Davon weiß ich wirklich nichts. Es ist unmöglich, daß Engelbrecht dieses zu mir gesagt hat. Ich habe zwar ein leichtes Gedächtnis, aber dieses würde ich mir schon merken. Ich würde es auch sagen, wenn es der Fall gewesen wäre.

F: Zum Überfall hat Herr Engelbrecht auch mit Ihnen gesprochen?

A: Herr Engelbrecht sagte zu mir, daß er gegen 19.00 Uhr auf dem Lessingplatz gewesen wäre. Dort haben ihn zwei Kerle überfallen, welche er nicht gekannt hat. Beide Kerle haben ihn eine über den Schädel gehauen. Außerdem haben sie ihm einen Bargeldbetrag von 180,- MDN entwendet. Er hat aber nicht gesagt, aus was ihm das Geld entwendet worden war. Ich habe Herrn Engelbrecht auch gefragt, ob der junge Mann dabei gewesen ist, mit welchem ich ihn am 20.3.1965 getroffen hatte. Herr Engelbrecht sagte aber, daß der junge Mann nicht dabei gewesen ist.«

Widersprüche, die die Polizei zunächst nicht klären kann. Aufgrund der politischen Verdachtsmomente und den Äußerungen Ansgar Seppelts bittet man an seiner Arbeitsstelle, der Hochschule für Maschinenbau Karl-Marx-Stadt, Straße der Nationen 62, zum dort beschäftigten Elektriker um eine Stellungnahme. Die überrascht.

»11.6.1965

Beurteilung des Kollegen Manfred Engelbrecht, geb. 29.1.1937.

Kollege Engelbrecht war seit 22.8.1960 als Kohlefahrer und Hilfsheizer an der Hochschule beschäftigt. In dieser Zeit war er etwa 7 Wochen schwer krank (Krankenhausaufenthalt). Koll. E. leistete zufriedenstellende Arbeit. Er gab keinen Anlaß zu Klagen im Kesselhaus und paßte sich dem Kollegenkreis an.

Am 22.2.1961 wurde er als Elektriker (Anlernling) in unserer Zentralwerkstatt eingesetzt. Hier zeigte er sehr viel Geschick und leistete eine gute Arbeit. Mit den Kollegen hatte er eine gute Zusammenarbeit. Gleichzeitig wurde mit ihm ein Qualifizierungsvertrag zur Ablegung der Facharbeiterprüfung abgeschlossen.

Im Nov. 61 wurde E. zu Zuchthaus verurteilt und im Nov. 64 wieder entlassen.

Koll. E. nahm seine Tätigkeit als Elektriker (Anlernling) mit dem 16.11.1964 in der Elektrowerkstatt unseres Instituts für Elektrotechnik wieder auf, mit dem Ziel, seinen Facharbeiterabschluß zu erlangen.

Koll. E. hat sich bisher als ein ruhiger und strebsamer Kollege erwiesen, der bemüht ist, sich in der relativ kurzen Zeit, die für seine Ausbildung zur Verfügung steht, die notwendigen Fähigkeiten eines Elektromonteurs anzueignen.

In Übereinstimmung mit dem Lehrer seiner Berufsschulklasse sind wir der Meinung, daß Koll. Engelbrecht bei gleichbleibenden Leistungen das gestellte Ziel erreicht. Er ist kollegial und gewissenhaft und hat sich in das bestehende Kollektiv gut eingefügt.

In gesellschaftlicher Hinsicht tritt Koll. Engelbrecht noch nicht in Erscheinung. In Gesprächen mit ihm spürt man jedoch deutlich, daß er gewillt ist, aus den von ihm begangenen Fehlern die Schlußfolgerungen zu ziehen.«

Für Manfred Engelbrecht bürgt sein Arbeitskollektiv. Anders bei Gisbert Küttner und Guido Lorenz: »Abschlussbericht: Die Darstellung des Sachverhaltes in beiden geschilderten Fällen läßt bei den Beschuldigten Küttner und Lorenz eine ausgesprochene Mißachtung des Lebens anderer Bürger erkennen. Die Handlungen lassen eine ausgesprochene Skrupellosigkeit, Grausamkeit und Brutalität erkennen. Beide Handlungen stellen eine hohe Gesellschaftsgefährlichkeit dar.« Der Strafprozess wird anberaumt. Die nunmehr Angeklagten schreiben »An den 1. Strafsenat des Bezirksgerichts Karl-Marx-Stadt

12.10.1965

Hiermit möchte ich, Guido Lorenz, den 1. Strafsenat des Bezirksgerichts KMS bitten, mir einen Pflichtverteidiger zu stellen, da ich nicht in der Lage bin, mir einen RA zu bestellen.«

Und Gisbert Küttner formuliert: »Hohes Gericht! Auf Ihr Schreiben vom 11.10.1965 möchte ich Ihnen mitteilen, daß ich finanziell nicht in der Lage bin, einen RA zu nehmen, und mir ein Pflichtverteidiger beigeordnet werden soll.«

Der erste Prozesstag wird der 1. November 1965 sein.

IV. Zwickau: Untersuchungshaftanstalt, Schillerstraße 2

Die Wächter wußten aber, mit was für Menschen sie es zu tun hatten; und so hüteten sie uns mit einer Sorgfalt, die alle unsere Pläne zunichte machte. Endlich zeigte sich die einzige Gelegenheit, die einen glücklichen Erfolg verhieß.

Eugène François Vidocq: *Memoiren des Chefs der Pariser Sicherheitspolizei*

Die Perspektive auf das Strafmaß ist niederschmetternd, denn die Straftaten summieren sich bei Guido Lorenz wie bei Gisbert Küttner. Mehrjährige Haftstrafen sind im Urteil zu erwarten. Das ist Guido Lorenz nicht gewillt, anzunehmen. Er unternimmt einen »Ausbruchsversuch am 17.10.1965 aus der UHA Karl-Marx-Stadt«.

»Informatorische Befragung des Untersuchungsgefangenen
Name: Bramborg, Tobias Richard
geb.: 31.10.1947 in Zittau
In Untersuchungshaft seit 13.8.1965 wegen Einbruch und unbefugten Benutzen von Kfz.

Zum SV befragt, gibt der Bramborg an, daß er sich seit ca. einem Monat im Verwahrraum 75 befindet. Vor mir war bereits der Lorenz in diesem Verwahrraum. Seit etwa einer Woche befände sich der Schnalz ebenfalls in diesem Verwahrraum. Am heutigen Tag sei im Verlauf eines Gesprächs auch davon gesprochen worden, daß es das Beste wäre, wenn man ebenfalls in Freiheit wäre. Hierbei sei auch der Vorschlag unterbreitet worden, einen Ausbruchsversuch zu unternehmen. Der Befragte will diesen Vorschlag nicht gemacht haben. Er könne aber auch nicht sagen, wer diesen Vorschlag machte. In jedem Falle wäre es so gewesen, daß Lorenz sagte, daß man Handtücher anfeuchten müsse und mit Hilfe eines Schemelbeines um die Gitterstäbe spannen muß. Dadurch würden die Gitter aus dem Mauerwerk ausbrechen, bzw. würden zusammengedrückt. Im Verlauf des

Nachmittags hatten wir bereits mit Hilfe eines Spiegels einen Blitzableiter festgestellt, und an diesem wollten wir uns in der weiteren Folge herablassen. Von dort aus wäre beabsichtigt gewesen, über die Mauer zu entkommen. Nach dem Gelingen dieser Handlung sei beabsichtigt gewesen, sich zu trennen, und jeder hätte nach seinen eigenen Gedanken weitermachen sollen. Der Lorenz habe auch von seinem Bett einen Bettstab gelöst. Am Fußboden habe dann auch Lorenz diesen Stab angeschliffen. Es wäre damit beabsichtigt gewesen, mit Hilfe dieses Stabes die Gitter auszukratzen. Ein derartiger Versuch sei jedoch nicht unternommen worden. Der Befragte habe vor dem Spion gestanden, damit sie vor Überraschungen sicher waren. Der Lorenz habe auch die Handtücher naß gemacht und damit an dem Gitter gedreht. Schnalz hat in der weiteren Folge diesen Versuch mit Hilfe eines Teiles von einem Bettlaken wiederholt. Bevor die Handlung ausgeführt wurde, hätten sie erst etwas die Zeitabstände der Kontrolle beobachtet. Der Lorenz wollte jedenfalls bis zum Diensttag naus sein.«

Es steht für die Justizvollzugsangestellten außer Zweifel, dass Guido Lorenz der Initiator des verwegenen Ausbruchsplans war.

»F: Von wem ist Ihnen bekannt, daß durch das Zusammendrehen von nassen Handtüchern die Gitterstäbe zusammengedrückt bzw. aus der Vermauerung gerissen werden?

A: Das ist mir durch meine Haftzeit in Bautzen bekannt. Hier haben Mitgefangene diese Methode erzählt. Ausprobiert habe ich sie selbst nie.

F: Wodurch ist Ihnen bekannt, daß unmittelbar neben dem Fenster des Verwahrungsraumes der Blitzableiter angebracht ist?

A: Ich habe bereits mehrfach von einem Verwahrungsraum zum anderen mittels Bindfaden durch die Fenster Zigaretten hin und her gebracht. Der Faden blieb einmal hängen, und ich merkte hier, daß der Blitzableiter unmittelbar am Fenster angebracht ist. Am Sonntag, den 17.10., nahm ich nun den Spiegel, der im Verwahrungsraum ist, und habe damit mir noch einmal den Blitzableiter richtig angeschaut. Ich kam zu der Auffassung, daß es möglich ist, daran herunterzuklettern.«

Um 20.55 Uhr am Sonntagabends wurden die Zelleninsassen beim Biegen vom Vollzugsbeamten überrascht. »Lorenz war der Wortführer in der Zelle. Die beiden anderen Häftlinge hatten Angst vor ihm, da er mit seinen Schlägereien prahlte und drohte, daß er demjenigen, der beim Fluchtversuch nicht mitmacht, durch Schläge dazu zwingen wollte. Das geht schief. Das Fenstergitter hatte diesen Versuchen standgehalten. Die Drei sahen die Zwecklosigkeit ihres Unterfangens ein und legten sich schlafen. Zeuge dieses Ausbruchsversuches war der Diensthabende von der Wache der UHA I. Er hatte sich 20.30 Uhr auf Beobachtungsposten in ein Zimmer des Seitenflügels der UHA I, von wo er die Außenfront (Fensterfront der Zellen) einsehen konnte. Gegen 20.55 bemerkte er, wie sich ein Häftling in der Zelle 75 am Fenster zu schaffen machte. Der Zeuge konnte dann genau verfolgen, wie mittels Strick und Schemelbein die Manipulationen an dem Fenstergitter vorgenommen wurden. Obwohl die drei Beschuldigten mit den angewandten Mitteln und dieser Methode den gewünschten Erfolg nicht herbeiführen konnten, da diese Mittel dazu nicht geeignet waren, sind die Tatbestandmerkmale des gemeinschaftlichen, gewaltsamen Ausbruchs erfüllt.«

Die Justizorgane beschließen am 12. November, diesbezüglich gegen Guido Lorenz nicht weiter zu ermitteln, denn »die wegen des Ausbruchsversuchs zu erwartende Strafe fällt nicht ins Gewicht«.

F: *Du glaubst, daß man die Jugend bessern kann?*
A: *Ja, das tue ich.*
F: *Wer erzieht die Jugend zum Besseren?*
A: *Die Gesetze.*
F: *Aber das meine ich gar nicht. Wer ist der Mann, der die Gesetze kennt?*
A: *Es sind die Richter, die hier im Gericht sitzen.*
F: *Meint er, sie vermögen die Jugend zu bessern?*
A: *Sicher können sie das.*

CURT RIESS: »Der Prozess Sokrates«

Gegen Gisbert Küttner und Guido Lorenz wird vorm Bezirksgericht Karl-Marx-Stadt verhandelt. Das Gebäude an der Dr.-Richard-Sorge-Straße (zurückbenannt: Hohe Straße) bestimmt mit seinen Neorenaissancebau den Blick auf den Kaßberg. »Trotz des Umfangs des alten Gerichtskomplexes reichte sein Platzangebot später nicht mehr aus. So entschloß man sich Mitte der zwanziger Jahre unseres Jahrhunderts zu einem großen Anbau, dessen Entwürfe stammen von Ministerialrat Dr. Kramer und Regierungsbaurat Dutzmann. Auf einer Grundfläche von 1.100 Quadratmetern wurde ein Bauwerk errichtet, das u. a. Platz für elf Verhandlungssäle bietet. Die Bauarbeiten begannen Anfang Dezember 1927, im Oktober des nächsten Jahres war es rohbaufertig. In stilistischer Hinsicht handelt es sich um eine Mischung sachlicher Tendenzen im Sinne des Neuen Bauens mit Art déco-Einflüssen. Diese modischen Elemente sind vor allem bei der dekorativen Umrahmung des Eingangs, aber z. B. auch bei den auf die Spitze gestellten Fenstern des Verbindungsganges zum Altbau sichtbar. Der

Klinkerbau ist L-förmig angelegt, folgt damit einerseits der gegebenen Fluchtlinie, nimmt aber auch den geschwungenen Lauf der Hohen Straße auf. Das Treppenhaus ist diagonal zwischen die beiden Flügel gestellt, auch dies eine Reminiszenz an expressionistische Architektur.«

Für beide Täter fordern Richter Schönenborn und seine zwei Schöffinnen aus der werktätigen Bevölkerung zunächst ein »Psychiatrisches Gutachten«, das die Beweggründe und die brutale Gewalt der Angeklagten möglicherweise erklären kann.

Gisbert Küttner: »Zusammenfassung und Beurteilung

Im Auftrage der StA des Bezirkes Karl-Marx-Stadt soll zum Geisteszustand und zur strafrechtlichen Verantwortlichkeit des zur Zeit seiner Strafhandlung 19-, zur Zeit der Untersuchung 20-jährigen Gisbert Küttner aus Limbach-Oberfrohna Stellung genommen werden. Er wird beschuldigt am 19.3.1965 unter im einzelnen nicht mehr objektivierbarer Alkoholeinwirkung einen Tötungsversuch an dem 82-jährigen Mann und ebenfalls unter Alkoholeinwirkung in Tateinheit mit dem Mitbeschuldigten Lorenz am 20.3.1965 eine juristisch als Mordversuch definierte schwere körperliche Aggression gegen einen jungen Mann vorgenommen haben, mit dem zunächst gemeinschaftliche Republikflucht vereinbart worden war, dem man jedoch nicht mehr recht traute und der ›verschwinden‹ sollte. Gisbert Küttner fühlt sich im wesentlichen gesund, hält sich jetzt nicht für psychisch krank oder geistesschwach, hat auch keine anfallartigen Störungen der Bewußtlosigkeit einhergehenden Erkrankungen an sich oder durchgemacht, auch keine Hirnhautentzündung. Die beiden Kopfunfälle, die er – dessen Geburt und frühkindliche Entwicklung ungestört abgelaufen sind – erlitten hat, sind belanglos. Beide gingen lediglich mit Zeichen einer Gehirnerschütterung leichten Grades einher, machten nicht einmal eine stationäre Krankenhausbehandlung erforderlich. Sie können von vornherein unter Einbeziehung des erhobenen Untersuchungsbefundes als für die Beurteilung der strafrechtlichen Verantwortlichkeit unwesentlich abgetan werden.

Seine schulische Entwicklung war durch Verhaltensschwierigkeiten erschwert, obgleich er weder intellektuell minderbegabt noch unterentwickelt war und ist. Wie bereits damals von den gesellschaftlichen pädagogischen Kräften erkannt wurde, erklärten sich seine Verhaltensschwierigkeiten nicht unwesentlich aus einer merkwürdigen psychischen Fehlstellung, die er innerhalb der Familie entwickelte. Er stand – das wurde von ihm auch dem Begutachter so zugegeben – psychisch und offensichtlich subjektiv verstärkt im Schatten des älteren Bruders, den seines Ermessens die Mutter vorgezogen hat. Gewiß hat sie – ohne Böses zu wollen oder auch nur damit Böses ahnen können – den Beschuldigten bei den Erziehungsmaßnahmen den größeren Bruder als gutes Vorbild hingestellt, was sich – wenn es wiederholt und penetrierend geschieht – oft in solche Fehlstellungen auswirkt. Zum Vater hat der Beschuldigte ein persönlich gutes Verhältnis. Die Beziehungen aber zwischen der Mutter und ihm wurden von ihm als kalt, bar jeder Zärtlichkeit und familiäre Intimität geschildert. Er achtet seinen Vater und hält die von ihm zeitweise gezeigte erzieherische Strenge und Härte für gerechtfertigt. Er hat jedoch der Mutter gegenüber leicht im psychologischen Sinne feindliche Gefühle, die fast einen Haßcharakter angenommen haben. Es kam bei ihm in der sehr frühen nach dem Bericht des Beschuldigten sehr stürmisch einsetzenden Pubertät zur inneren Ablösung vom Elternhaus, zu unreifen Verselbständigungsversuchen, zu erhöhter Tendenz der Lustabsättigung, damit zur vorzeitigen exzessiven Selbstbefriedigung (ist an sich nichts Ungewöhnlich oder Verwerfliches), und damit mit 14 Jahren bereits zu erfolgten Geschlechtsverkehr, nicht aber aus früher Suche nach Partnerliebe oder Partnererfüllung heraus, sondern eben aus dieser familiären Entfremdung und der damit verbundenen frühen und verstärkten Tendenz nach lustvoller Ersatzgeborgenheit. Er ist in der folgenden Zeit viel zum Tanzen gegangen, hat sich oft bis spät in die Nacht hinein und in den Morgen außerhalb des Elternhauses aufgehalten, hat Bindung ›an die Burschen‹ gefunden, d. h. an gleich geartete und gleich gefährdete Jugendliche mit Alkoholbindung und sog. Halbstarkenmanieren. Dadurch wurden die Spannungen mit den Eltern, die solches Treiben zu verhindern suchten, immer stärker. Aus solchen Spannungen heraus beging er 1961 zwei Suizidversuche. Es waren dies nicht Zeichen einer psychischen Erkrankung, sondern es waren Alarmsignale eines innerlich nicht durchsetzungsfähigen, haltarmen jungen Menschen, der zu keiner sozial-zwischenmenschlichen Verbindlichkeit gekommen war, der negative Bilanz zog (›Mir ist alles schiefgegangen.‹). Er wurde zur Beobachtung in die Nervenklinik des Krankenhauses Karl-Marx-Stadt, Dresdner Straße, eingewiesen, wo man weder für eine Erkrankung des zentralen Nervensystems noch für eine Psychose etwas Verbindliches nachweisen konnte. Er zeigte dort die typischen Zeichen der psychischen Fehlkompensation, des unzulänglichen jungen Menschen in der Pubertät. Er war abweisend, eigenwillig-trotzig, ließ sich schlecht lenken und reagierte sogar mit scheinbarer Arroganz, Lässigkeit und Überheblichkeit. Der damals beobachtende Arzt kam zur Diagnose ›Minderbegabter asozialer Psychopath‹. Dieser Diagnose können wir uns nicht anschließen, zumindest was die Minderbegabung und die Psychopathie (anlagebedingte erhebliche psychische Abweichung von der Norm) betrifft. Interessanterweise ist dann auch das Verhalten des Beschuldigten in der klinischen Beobachtung in Karl-Marx-Stadt völlig umgekippt: völlig gegensätzliches, ausgesprochen sozial positives Verhalten nach Erreichen einer Vertrauensbasis mit dem behandelnden Arzt. Das drückt sich auch darin aus, daß der behandelnde Arzt am 27.2.1961 mit einer massiven Begründung glaubte, die Heimeinweisung beschleunigen zu müssen. Er meinte, um ein weiteres asoziales Abgleiten, möglicherweise ins Kriminelle, zu verhüten, sei die Einweisung in einen Jugendwerkhof oder in eine ähnliche Einrichtung dringend notwendig. Wenige Wochen später, unter dem 14.4.1961, kam er zu einer anderen Beurteilung und teilte mit, man habe auf Grund des ausgesprochen positiven Verhaltens der letzten Wochen dem Beschuldigten nochmals die Chance gegeben, sich in das häusliche Milieu einzugewöhnen, mit den Eltern des Beschuldigten habe man die Rücksprache genommen, und diese wollten es mit ihm nochmals zu Hause versuchen. Zeitweise muß es dann mit ihm ganz gut gegangen sein. Letztlich ist er nicht über seine psychische Fehlstellung im Elternhause hinweggekommen und damit aus seiner sozial-negativen Bindung an Alkohol und an ›die Burschen‹, damit an die Tendenz zur sozialen Bindungsarmut. Er verwickelte sich in eine gefährliche Körperverletzung, erhielt 1962 dafür eine Gefängnisstrafe. Nach Haftentlassung Mitte 1963 nahm er sich vor, den Alkohol zu meiden und nicht mehr mit ›den Burschen‹ wegzugehen, kam zu der richtigen Erkenntnis, daß ein weiteres Verbleiben im Elternhaus nicht ratsam ist, sah sich nach einem Mädchen um und verband sich schnell mit der damaligen Freundin, seiner späteren, jetzt geschiedenen Ehefrau. Daß er damit einer sozial-positiven Lösung aktiv zustrebte, erscheint glaubhaft. Er hat nicht – wie es zunächst aussehen könnte und wie es allgemein häufiger geschieht – unter dem Druck der nahenden Geburt eines Kindes geheiratet, auch nicht aus irgendwelchen anderen erkennbaren äußeren Umständen. Er berichtet glaubhaft, er wollte sich familiäre Geborgenheit schaffen, und damit von der ihn immer wieder zu Alkohol animierenden Burschenschaft freikommen, was ihm auch in der nächstfolgenden Zeit weitgehend gelungen ist. Zwischen ihm und der späteren Ehefrau ist es schnell und sehr rege zu innigen Verbindungen gekommen, der Beschuldigte berichtet von täglichem, auch mehrfach täglichem Geschlechtsverkehr. Beide hätten sich auf das Kind gefreut. Nach der Geburt des Kindes jedoch habe seine Frau zur Frage der sexuellen Gemeinschaft eine völlig andere, ihm völlig unerwartet kommende und völlig unverständliche kalte und ablehnende Haltung eingenommen. Sie habe kein Begehren mehr gehabt, sei unbeteiligt gewesen und habe ihm mehr und mehr den Verkehr verweigert. Aus diesem Unstimmigkeiten heraus sei er wieder schnell zu stärkeren Alkoholtrinken gekommen, er habe seine innere Spannung und Unlust durch das ›Saufen‹ abreagiert. Zu Hause habe er in den ersten Monaten die Frau dann mit körperlichen Zugriff zu Geschlechtsverkehr ›genommen‹, nachdem diese von ihm ihr angebotene Formen der Ersatzbefriedigung abgelehnt habe. Er sei bei solchen Zusammenkommen und dadurch, daß er nunmehr wieder viel außerhalb des Hauses, in Gastwirtschaften und angetrunken gewesen sei, zu starken Spannungen in der Ehe gekommen, die zum Teil auch mit Tätlichkeiten ausgetragen worden sind. Schließlich nahm ihm die Ehefrau noch die Möglichkeit des geschlechtlichen Zugriffes überhaupt, indem sie außerhalb der Wohnung schlief und endlich die Scheidung der Ehe einreichte. Diese Darstellung des Beschuldigten, die seinen Verschuldensanteil nicht bestreitet, aber das erneute ›Auf-die-schiefe-Bahn-Kommen‹ und die Auflösung der Ehe doch in ganz anderen erkennbaren Zusammenhängen sieht, ist unseres Ermessens sehr wahrscheinlich, denn in solchen und ähnlichen Fällen ergibt tatsächlich oft eine Unzulänglichkeit auf der einen Seite die andere auf der anderen, und dann sammelt sich zunehmend ein Ballast unbewältigtem inneren Konfliktstoffes an, den sonst tüchtige und gutwillige, meist körperlich kräftige, aber innerlich nicht stabil-durchsetzungsfähige Männer mit dem Gang in die trinkende Männergesellschaft fehlkompensieren.

Er wurde damit wieder asozial, stand und handelte unter mehr oder minder ständig stärkerem Alkoholeinfluß, so auch am 19.3.1965. Es hatte sich in ihm aus seiner verfahrenen Lage heraus ein innerer Unwille, ein Ingrimm, etwas ich Drückendes und zugleich Aggressives herausgebildet, das ihn beschwerte, von dem er sich befreien wollte: ›Entweder besaufen oder auf einen anderen Menschen einschlagen.‹ Zugleich stand er unter stärkerem geschlechtlichen Triebspannungen, da ihm die Ehefrau den Verkehr verweigerte, er zu keiner anderen Frau gefunden hatte und mit der zwischenzeitlichen Monotonie nicht voll erfüllt blieb. So wollte er am Tattag eine frühere Freundin aufsuchen. Auf dem Weg zu ihr entdeckte er, daß seine Schuhe schmutzig waren, bat einen Unbekannten um ein Tuch zum Reinigen, dann um Feuer für eine Zigarette. Er wurde in eine Werkstatt gewiesen, bat den später Geschädigten, sah in dessen Nähe Bier, trank davon, zeigte übermütig-ausgelassenes Verhalten mit ungezügelt überschießenden Körperkräften, schlug schließlich mit einer Bierflasche den später Geschädigten 82-jährigen Unbekannten auf den Kopf, verließ – keineswegs im Sinne des eiligen Davonflüchtens – den Tatort und ging weiter in Richtung auf die Wohnung der ehemaligen Freundin zu, die ihn zum Abendbrot behielt. Er kam äußeren Gründen in sexueller Hinsicht nicht zum Zuge, ging in eine Gastwirtschaft, trank weiter Alkohol, lernte dort eine junge Dame aus Karl-Marx-Stadt kennen, die ihn ermunterte, mit ihm in die Wohnung zu kommen, was er tat. Nach der gemeinsamen Omnibusfahrt tauchte er mit ihr deren Wohnung auf, legte sich entkleidet zu ihr ins Bett, sie ließ sich das sexuelle Vorspiel gefallen, sagte ihm aber eindeutig: ›Es spiele sich nichts ab‹, als er – wozu normalerweise eine solche Situation logisch auffordert – zur Vornahme des Geschlechtsverkehrs übergehen wollte. Verärgert verließ er das Bett, zog sich an, ging in den Hauptbahnhof und trank dort weiter. Dort traf er Lorenz, der sich ebenfalls auf Sauftour befand. Man kam in alkoholisierten Gesprächen beim weiteren Zechen und beim Bedenken der für beide recht verpfuschten Lage zu gemeinsamen Überlegungen des illegalen Verlassens der DDR. Der zunächst Dritte im Bunde wurde verdächtigt, man wollte sich seiner entledigen. Der unbedingte Mordvorsatz wird von beiden in den Ermittlungsvernehmungen bejaht, im Gespräch mit dem Begutachter jedoch verneint. Der später Geschädigte wurde im kriminellen Sinne recht geschickt in eine dunkle Ecke geführt, auf ein vereinbartes Zeichen bekam er eine Flasche auf den Kopf geknallt. Der erwartete Effekt der Bewußtlosigkeit aber blieb aus, denn der Geschädigte rannte weg und wurde laut. Daraufhin schlug der Mitbeschuldigte Lorenz auf den Geschädigten weiter ein, Küttner selbst auch, zuletzt mit einem Zementbrocken. Beide Beschuldigten waren in der Lage, in krimineller Tarnungsabsicht geordnet den Tatort zu verlassen und der Situation und den kriminellen Konsequenzen entsprechende Schlußfolgerungen zu ziehen. Die zerrissene Hose des Beschuldigten war verdächtig, eine frühere Freundin sollte sie flicken. Diese aber war nicht zu Hause. Man wollte an die Staatsgrenze West, am besten mit einem zu stehlenden Auto. Beide saßen schon darin, erkannten aber den Wagen als Armeefahrzeug, was ihnen verständlicherweise zu gefährlich und damit ungeeignet war. Schließlich ließ man die Angelegenheit auf sich beruhen in der Erwartung, daß nichts herauskomme.

Die eingehende Untersuchung des Beschuldigten Küttner ergibt in körperlicher Hinsicht völlig geordnete Verhältnisse. Es ergibt sich kein Anhalt für eine Allgemeinkrankheit, die mit Hirnbeteiligung einhergehen könnte, auch nicht für eine primäre Hirnerkrankung. Der Beschuldigte ist nicht psychisch krank, nicht krankhaft geistesgestört im Sinne § 51 StGB, es ist nicht geistesschwach Er hat keine Krankheiten oder Besonderheiten an sich, die mit Störungen der Bewußtseinslage einhergehen. Er ist, was von uns ausführlich dargelegt wurde, aus eine Fehlstellung in der familiären Erziehungssituation heraus zu zeitweise stärkeren Abweichungen in der sozialen Verhaltensnorm gekommen, was sich bei ihm seit der beginnenden, verfrüh und stark einsetzenden Pubertät zeigte, was vorübergehend zu stärkerer Alkoholbindung geführt hat und zu zeitweise auch disozial bis asozialem Verhalten. Grundsätzlich gesehen ist von dem damit erhobenen Gesamtbefund her Gisbert Küttner strafrechtlich verantwortlich. Wenn seine strafrechtliche Verantwortlichkeit zum Zeitpunkt der beiden Strafhandlungen jeweils beeinträchtigt war, dann von der alkoholischen Beeinflussung her, deren Ausmaß auf Grund des nicht mehr eindeutig zu objektivierenden Sachbestandes nicht hinreichend sicher bestimmt werden kann. Eine Blutalkoholuntersuchung hat für beider Strafhandlungen nicht stattgefunden, die Inhaftierung ist erst eine Reihe von Tage später erfolgt. Für die Strafhandlung vom 20.3.1965, also für die mit Lorenz gemeinsam begangene körperliche Aggression an den geschädigten Engelbrecht (nach der bisherigen Auffassung der Ermittlungsinstanz versuchter Mord) besteht unseres Ermessens an der vollen strafrechtlichen Verantwortlichkeit überhaupt kein Zweifel. Trotz und mit Alkoholeinwirkung, die – wenn sie isoliert wirksam geworden wäre – ohnehin keinen entscheidenden Einfluß auf die strafrechtliche Verantwortlichkeit hätte, die aber vom Gutachter aus mit in die Erwägungen einbezogen werden muß, ist das gesamte Handeln in Planung, Vollzug und Nachvollzug so im kriminellen Sinne durchsichtig und übersichtlich, so folgerichtig in sich geordnet, daß von schwerwiegenden Veränderungen im Handlungsgefüge der angetrunkenen Täter nicht gesprochen werden kann. Für die Strafhandlung am 19.3.1965 besteht unseres Ermessens volle Zurechnungsfähigkeit. Nicht ganz so eindeutig ist die Frage zu beantworten, ob diese Aussage der uneingeschränkten strafrechtlichen Zurechnungsfähigkeit trotz Alkoholeinwirkung auch für den strafbaren Handlungsablauf vom 19.3.1965 als hinreichend sicher angenommen werden kann. Etwas merkwürdig und psychologisch wenig befriedigend bleibt für diesen Straftatvorgang der Zufälligkeitscharakter und der Umstand, daß der Beschuldigte nach begangener Tat relativ unbekümmert und ohne sich erkennbar zu tarnen den Tatort verlassen hat. In der bisherigen Ermittlung ist diesem Gesichtspunkt zu wenig

Rechnung getragen worden. Es wird für erforderlich gehalten, daß dieser Komplex nochmals durch Nachermittlungen überprüft wird. Sollte sich dieser merkwürdige Eindruck mit dem Zufälligkeitscharakter des strafbaren Handelns bestätigen, sollte sich auch bestätigen, daß der Beschuldigte nach dieser Handlung langsam schlendernd weitergegangen ist, mit einem Kind gespielt hat und nichts unternommen hat, um durch Flucht oder anderweitige Maßnahmen dieses, sein Handeln, zu tarnen, dann allerdings können für diesen Straftatskomplex unseres Erachtens andere Bedingungen gegeben sein. Dann wäre eine sog. Komplizierte Rauschsituation zu diskutieren, für die die Bedingungen des § 51 StGB, Abs. 2 als erfüllt angesehen werden können. Eine hinreichend gesicherte Entscheidung ist aber diesbezüglich nicht zu fällen. Unter Umständen müßte dann eine Entscheidung im Sinne des Zweifelsfalles erfolgen, was dem Strafsenat anheimzustellen ist.

Guido Lorenz: Zusammenfassung und Beurteilung

Der Beschuldigte Guido Lorenz ist einer schweren Gewalthandlung, die er gemeinsam mit dem Mitbeschuldigten Küttner am 20.3.1965 begangen hat und im Ermittlungsbericht als versuchter Mord definiert wird, beschuldigt. Auch Lorenz hat im Gespräch dem Begutachter den unbedingten Mordvorsatz bestritten, obgleich er ihn bei wiederholten kriminalpolizeilichen und staatsanwaltlichen Vernehmungen eindeutig und ausdrücklich bejaht hat. Hinsichtlich derjenigen Einzelheiten im Vorlauf, Ablauf und Nachvollzug der Strafhandlung wird auf die Ausführungen im Gutachtenteil des Mitbeschuldigten Küttner verwiesen. Sie treffen in gleicher Weise für die Beurteilung Lorenz zu. Sie lassen erkennen, daß auch Lorenz – wohl unter alkoholischer Enthemmung stehend – die Tat entsprechend der Planung durchführte und nach der Tat Denk- und Handlungsvollzüge mit Küttner ausführte, die zumindest so viel besagen, daß keine erhebliche Störung der Bewußtseinslage auf alkoholischer Grundlage vorhanden gewesen sein kann und daß noch hinreichend geordnetes Allgemeinverhalten erkennbar war.

Von einer familiären Belastung in erbbiologischer Hinsicht ist bei Lorenz nichts bekannt. Er war wohl immer ein körperlich gesunder, kräftiger, um nicht zu sagen vor körperlicher Kraft strotzender Bengel bzw. Bursche unbesorgt und ein wenig gehemmt, triebhaft bestimmt. Er fühlte sich auch jetzt entsprechend., hält sich für gesund, hat keine ernsthaften Krankheiten durchgemacht. Bei schweren körperlichen Arbeiten soll er unverwüstlich sein, wie überhaupt von der Arbeit her wenig Negatives über ihn auszusagen ist. Neben der Arbeit aber bestand sein Leben aus primitiver Genuß- und Lustbefriedigung sowie aus der Tendenz zu platten Geselligkeiten. Höhere Lebensziele scheint er nicht gehabt zu haben, auch keine qualifizierteren Daseinsentwürfe. Er spielte viel und gern Fußball, noch mehr Skat in der Gastwirtschaft. Er trank oft und gern, dann auch viel, er vertrug auch viel an Alkoholmenge. Er ging zum Tanz, um sich anzuregen und ›um etwas zu suchen‹, verhielt sich dabei recht plump, aber offensichtlich damit sehr erfolgreich hinsichtlich der sexuellen Annäherung. Er ›brauchte‹ regelmäßig täglich seine geschlechtliche Befriedigung, muß ein sehr leistungsfähiger Sexualpartner gewesen sein und bestätigt auf entsprechende Frage schmunzelnd und unbesorgt-selbstgefällig, daß ihn der tägliche Sexualtrieb trotz schwerer körperlicher Arbeit ganz und gar nichts ausmache, daß er noch mehr an sexuellem Konsum vertragen könne und daß er selbst in schwer angetrunkenem Zustand noch hoch aktiv sei.

Er ist in sozialen Bedingungen aufgewachsen, die recht ungünstig auf seine moralische Festigung, soweit überhaupt eine solche erreicht werden konnte, einwirken mußte. Die kinderreiche Familie hat mit der Mutter in einem Raum geschlafen. Noch im Zustand der beginnenden Pubertät hat er mit einer älteren Schwester in einem Bett geschlafen. Daß es dabei zu bestimmten körperlichen Berührungen mit deutlich sexueller Note und zu verkehrsähnlichen Manipulationen gekommen ist, liegt auf der Hand. Mit 10 Jahren bereits wurde er durch schlecht beeinflußte Freunde, auch ältere, zu kindlichem Geschlechtsverkehr verführt, was bereits entsprechende Vorgefühle auslöste und natürlich zu Wiederholungen drängte. Er meint, mit 10 Jahren bereits nicht nur Spielerei aus kindlicher Sexualneugier durchgeführt zu haben. Mit 14/15 Jahren ging er zum Tanz, was sich nach seinem Bericht – das spricht er alles aus, als ob es die selbstverständlichste Sache der Welt sei und in seiner Umgebung wahrscheinlich auch ist – primär damit verband, in einer Tanzpause oder bzw. und nach dem Tanz ein Mädchen zu haben, das man einen geeigneten Ort führt, um sich an ihr bzw. mit ihr geschlechtlich zu vergnügen, wovon er reichlich und kontinuierlich vom 14. Lebensjahr an Gebrauch gemacht haben will. Im gleichen Alter ist er auch viel ›mit den Burschen‹ zusammen gewesen. Das Zusammensein hatte meist nur neben dem Fußballspiel, einigen Übermütigkeiten und platter Geselligkeit verstärktes Alkoholtrinken zum Inhalt. Es hätte sich alles von selbst so ergeben. Wie er und warum er sonst zum Trinken gekommen sei, das wisse er selbst nicht. Mit 17 Jahren hat er unter gewisser Alkoholenthemmung und Verstimmung in Gegenwart anderer im Kuhstall einen Suizidversuch mit Strangulation gemacht, der beinahe gelungen war. Lorenz mußte damals in bewußtseinsgestörtem Zustand in die Nervenklinik Karl-Marx-Stadt eingewiesen werden, wo man zunächst nur meinte, es handele sich um abnormes Verhalten bei einem Schwachsinn leichten Grades. Letzteres hat man nicht durch eigene umfassende Prüfung untermauert, sondern mehr aus dem unbefriedigenden Ergebnis der Beschulung geschlossen. Kurze Zeit später hatte er – bisher nur einmal aufgetreten – einen kurzfristigen, ausfallweisen Zustand mit Bewußtseinsstörung, aller Wahrscheinlichkeit nach Folgen der mit der Strangulation eingetretenen und nicht voll wieder ausgeglichenen Bewußtseinsstörug des Gehirns. Ein nicht einwandfreier elektroenzephalografischer Befund ließ damals an diese Möglichkeit denken, die sonstigen Untersuchungsbefunde erwiesen sich als völlig regelgerecht.

Bei den jetzt vorgenommenen eingehenden Befundprüfungen sind in körperlicher Hinsicht völlig regelrechte Zeichen festzustellen. Es fallen die muskelkräftige Figur und die starke biologisch-sexuelle Ausreifung auf, auch die gesteigerte biologisch-sexuelle Erregbarkeit. Bei sonst regelrechtem Gesamtbefund erheben auch wir eine leichte Befundsabweichung im Elektroenzephalogramm, die eine leichte, sonst kompensierte Hirnschädigung, der bezüglich der vorliegenden Fragestellung keine nennenswerte Bedeutung zukommt, annehmen läßt. Auch wir vermuten eine leichte Restschädigung durch die mit der Strangulation von damals verbundene Hirndurchblutungsstörung. Die Annahme der Nervenklinik Karl-Marx-Stadt, daß bei Lorenz ein Schwachsinn leichten Grades vorliege, ist nicht aufrechtzuerhalten. Lorenz ist nicht nur nicht schwachsinnig, sondern geistig auffallend gewandt und pfiffig. Er hat die vorliegenden Schulwissenslücken gut auskompensiert, mit praktischen Alltagswissen ausgefüllt, wovon man sich bereits bei einer einfach geordneten Gesprächsführung mit logischem Gedankenbezug überzeugen kann. Auffallend ist seine etwas unnatürliche – zumindest bei Bedenken seiner derzeitigen Situation – wirkende Gemütsverfassung: Er neigt immer zum Unbekümmert-Heiteren, ist zu Witzeleien und Schmunzeln aufgelegt, ist aufnahmebereit für kleine Schlüpfrigkeiten, ist im Allgemeinverhalten kesskeck und dabei nicht unsympathisch, nicht uncharmant, zeigt also im ganzen eine etwas hyperthyme Gemütsstruktur, war damit sicher ein gern gesehener geselliger fröhlicher Zecher und ein ebenso gern gesehener – vom Sexuellen soll dabei nicht allein ausgegangen werden – lustiger Liebhaber.

Von solchen Wesenszügen her ist er natürlich mehr als mancher anderer allgemein und auch in krimineller Hinsicht gefährdet, weil er leicht beeinflußbar und wohl auch zu animieren ist. Das muß man bezüglich der Täterpersönlichkeit und bezüglich des kriminalpsychologischen Mechanismus in der Zuführung und im Vollzug der Tat bedenken. Er ist aber nicht so ausgeprägt, daß ein geistesschwacher Zustand von daher angenommen werden müßte und vor allem daß sich für die vorliegenden Strafhandlungen von daher eine erhebliche Verminderung der strafrechtlichen Einsichts- und Handlungsfähigkeit ableiten bzw. hinreichend begründen ließe. Auch die Kombination zwischen der Alkoholwirkung, die zur Zeit der Tat vorgelegen hat und der wesensmäßigen Bereitstellung zu animierten enthemmten Verhalten läßt nicht den Schluß zu, daß von daher die Anwendung des § 51 StGB, Abs. 2 (zwei) hinreichend begründet und indiziert sei. Lorenz mag auf seiner ›Zechtour‹ eine ganze Reihe von Alkohol zu sich genommen haben. Er verträgt sehr viel, das gibt er selbst zu. Der Tatablauf, sein besonderes Verhalten bei der Tat und danach läßt nicht erkennen, von woher aus erhebliche schwerwiegende Beeinträchtigungen der Geistesverfassung, der Bewußtseinslage und damit der strafrechtlichen Einsichts- und Handlungsfähigkeit, wenn auch nur auf alkoholischer Grundlage, angenommen werden müßten. Hinsichtlich der Begründung dieser Aussage wird auf die näheren Ausführungen in der gutachterlichen Beurteilung des Mitbeschuldigten Küttner verwiesen, sie treffen in gleichem Maße auch für die Beurteilung des Lorenz zu.

Es ergibt sich also kein hinreichender Anhalt dafür, daß bei Guido Lorenz für die in diesem Verfahren vorliegenden Strafhandlungen, insbesondere für die am 20.3.1965 begangene schwere Gewalthandlung, eine hinreichende Begründung zur Anwendung des § 51 StGB, Abs. 1 (eins) oder 2 (zwei) gegeben ist. Guido Lorenz ist von den neurologisch-psychiatrisch erkennbaren kriminalpsychologischen

Handlungsbedingungen und -anteilen von psychiatrischer Seite her als strafrechtlich verantwortlich zu beurteilen.«

1. November 1965 wird das Verfahren in öffentlicher Sitzung eröffnet. Der Prozess ist drei Tage kurz und das Urteil seit dem 18. Januar 1966 rechtskräftig.

»Urteil im Namen des Volkes!
In der Strafsache gegen

den am 25.1.1944 in Döbern/Ostpreußen geborenen Heizer Hans Guido Lorenz

den am 30.3.1945 in Limbach-Oberfrohna geborenen Steinbrucharbeiter Gisbert Küttner

wegen versuchten Mordes und Totschlags

hat der 1. Strafsenat des Bezirksgerichts Karl-Marx-Stadt in den Sitzungen vom 1., 2. und 4.11.1965, an denen teilgenommen haben als Vorsitzender Richter Schönenborn, als Schöffen Oberreferentin Clothilde Emmerich und Sachbearbeiterin Gertraud Hobsch, für Recht erkannt:

Es werden wie folgt verurteilt:

Der Angeklagte Küttner wegen fortgesetzten, teils gemeinschaftlich und teils allein begangenen versuchten Mordes und Totschlags (§§ 211, 212, 43, 47 StGB) zu 15 – fünfzehn – Jahren Zuchthaus hinsichtlich des versuchten Totschlags unter Anwendung des § 51 Absatz 2 StGB.

Der Angeklagte Lorenz wegen gemeinschaftlich versuchten Mordes und wegen Widerstandes gegen die Staatsgewalt in Tateinheit begangen mit gefährlicher Körperverletzung (§§ 211, 212, 43, 47, 223, 223a, 113, 173, 74 StGB) zu einer Gesamtstrafe von 12 – zwölf – Jahren Zuchthaus.

Beiden Angeklagten wird die U.-Haft vom 9.4.1965 auf die gegen sie ausgeworfenen Strafen angerechnet.

Die Angeklagten haben auch als Gesamtschuldner haftend die durch das Verfahren entstandenen Auslagen zu tragen.«

In der Begründung führt man unter anderem an, dass die beiden eine lose Freundschaft seit ihrer Schulzeit verbindet, dass sie bereits mehrmals einschlägig aufgefallen sind, dass sie im Gefängnis dafür saßen und keine Änderung ihres Verhaltens zu sehen ist. Als treibende Kraft des Duos wird Gisbert Küttner angesehen, deswegen fällt auch seine Strafe höher als die von Guido Lorenz aus. Trotzdem verhängt der Richter mehr Jahre als beantragt. »Der Vertreter des Bezirksstaatsanwaltes hatte für den Angeklagten Küttner eine Strafe von 13 Jahren Zuchthaus beantragt und für den Angeklagten Lorenz eine Gesamtstrafe von 9 Jahren Zuchthaus. Der Senat hat sich der vom Vertreter des Bezirksstaatsanwaltes vorgenommenen rechtlichen Würdigung der Straftaten der beiden angeschlossen. Die von ihm gestellten Strafabträge konnten hingegen nicht akzeptiert werden. Er hatte als Einsatzstrafe für den Angeklagten Lorenz für den von diesem begangenen versuchten gemeinschaftlichen Mord 8 Jahre Zuchthaus und für die gefährliche Körperverletzung, tateinheitlich begangen mit Widerstand gegen die Staatsgewalt, 3 Jahre Gefängnis beantragt. Nach der Auffassung des Senats ist bei diesen Strafanträgen zu sehr in den Vordergrund gestellt worden, daß die Angeklagten erst 20 bzw. 21 Jahre alt sind. Weiterhin, daß der Angeklagte Lorenz vom Angeklagten Küttner hinsichtlich des versuchten Mordes beeinflußt worden ist. Das außerordentlich brutale Verhalten der beiden Angeklagten wie auch alle anderen objektiven und subjektiven Verbrechensmerkmale lassen aber diese Anträge als zu niedrig erscheinen. Es muß zunächst davon ausgegangen werden, daß den beiden Angeklagten jegliche Achtung vor dem Leben und der Gesundheit anderer Menschen fehlt. Sie sind, wie es der Volksmund drastisch zum Ausdruck bringt, sogenannte Schläger, und es hätte nicht viel gefehlt, wären sie zu Mördern geworden. Alle gesellschaftliche Erziehungsarbeit ist bei ihnen ohne Wirkung geblieben. Mord oder versuchter Mord gehört neben den Staatsverbrechen zu den gefährlichsten und verwerflichsten Verbrechen in unserem Arbeiter- und Bauernstaat. Es kommt hier eine besonders niedrige Einstellung gegenüber dem Leben überhaupt zum Ausdruck. Wenn ein solches Delikt gemeinschaftlich geplant und durchgeführt wird, ist es wegen seiner größeren Intensität umso gefährlicher einzuschätzen, noch dazu wenn die Täter so eng und unmittelbar zusammenwirken, wie es hier im konkreten Fall festgestellt worden ist. Die Frivolität und Gewissenlosigkeit der beiden Angeklagten wird sehr deutlich, wenn man daran denkt, daß der Angeklagte Küttner einfach mit einem Schnalzen der Zunge den Tod eines Menschen bestimmt. Diesen Angeklagten berührte es auch nicht im geringsten, ob der von ihm brutal niedergeschlagene 82 Jahre alte Wilhelm Vohs stirbt. Dieser alte Böttchermeister hatte ihm nicht das Geringste zu Leide getan. Gewissenlos zecht dann dieser Angeklagte weiter und plant unmittelbar danach schon wieder ein neues, noch schwereres Verbrechen. Für ihn waren der alte Herr Vohs und der Zeuge Engelbrecht lediglich Figuren, die er um primitivster und verachtenswerter persönlicher Interessen umbringen wollte. Herrn Vohs aus innerer Unzufriedenheit über sein eigenes verlottertes Leben und den Zeugen Engelbrecht deshalb, um ungefährdet die DDR verlassen zu können. Diese Absicht, diese niedrigen Beweggründe sind ebenfalls vom Vertreter des Bezirksstaatsanwaltes bei seinen Strafabträgen nicht genügend beachtet worden. Es ist schon beachtlich, ob jemand in Vorbereitung eines Paßvergehens einen anderen Bürger umbringt oder den Versuch dazu unternimmt, weil ja bekanntlich dadurch nicht nur der Grenzverletzer selbst gefährdet wird, sondern in weit höherem Maße unsere Angehörigen der NVA, die an der Staatsgrenze West ihren verantwortlichen Dienst versehen.

Der Senat hat sich deshalb mehr der Auffassung des gesellschaftlichen Anklägers angeschlossen, der im Auftrag der Belegschaft des VEB Feinwäsche ›Bruno Freitag‹ eine Strafe von 12 bis 14 Jahren Zuchthaus für den Angeklagten Lorenz beantragt hat. Dieser Strafantrag wurde nicht nur gestellt, wie der Herr Verteidiger meint, aus Empörung der Belegschaft über das verbrecherische Verhalten des Angeklagten Lorenz oder aus Gründen der Vergeltung für diese begangenen Straftaten, sondern aus dem Gerechtigkeitsgefühl heraus, welches unsere Werktätigen in auszeichnet und aus der Überlegung heraus, unsere Bevölkerung vor derartigen Gewaltverbrechern zu schützen. Mit recht wurde darauf hingewiesen, daß die Sicherheit unserer Menschen auf den Straßen und Plätzen unserer Dörfer und Städte unter allen Umständen garantiert sein muß. Diesen Gedankengängen ist der Senat gefolgt.

Im Hinblick darauf, daß der Angeklagte Küttner zwei Tötungsverbrechen begangen hat, die im Versuchsstadium stecken geblieben sind, er auch als der Initiator des gemeinsam begangenen versuchten Mordes anzusehen ist, hat der Senat diesen Angeklagten mit der höchst zulässigen zeitigen Zuchthausstrafe bestraft. Im Gesetz ist für das vollendete Verbrechen nach § 211 die Todesstrafe oder lebenslanges Zuchthaus angedroht. Das versuchte Verbrechen kann nach §§ 43, 44 StGB milder bestraft werden. Nach Auffassung des Senats ist diesen Vorschriften Genüge getan, auch unter Berücksichtigung, daß der Angeklagte Küttner im Falle der vorsätzlichen Tötung am 19.3.1965 möglicherweise vermindert zurechnungsfähig war. Er muß für eine lange Zeit von der Gesellschaft isoliert werden. Der Präventivcharakter der Strafe muß hier im Vordergrund stehen. Die Erziehungsfunktion der Strafe muß dementsprechend etwas zurückstehen.

Zudem hat der Angeklagte Lorenz den Angeklagten Küttner auf den gefährlichen Gedanken gebracht, illegal die DDR gemeinsam zu verlassen. Die beantragte Einsatzstrafe von 8 Jahren Zuchthaus für diesen gemeinschaftlich versuchten Mord ist deshalb auch unter diesen Aspekten gesehen zu niedrig. Auch im Interesse einer gleichmäßigen Rechtsprechung auf diesem Gebiet war eine Korrigierung der Strafanträge erforderlich. Die Kriminalität auf diesem Gebiet der Gewaltverbrechen muß mit der ganzen Strenge des Gesetzes bekämpft werden.«

Dem, meint der Richter, ist mit diesem Urteil Genüge getan. Beide Angeklagten hatten in ihrer Verteidigung dem Rechtsanwalt Dr. Alwin Czaja vertraut. Er strengt ein Berufsverfahren an. Das wird von den Gerichten abgewiesen. Es erfolgt die Überstellung der Verurteilten aus der Untersuchungshaftanstalt in Zwickau in den Strafvollzug nach Brandenburg.

VI. Brandenburg: Justizvollzugsanstalt, Anton-Saefkow-Allee 22

So erfüllt der Anwalt in der sozialistischen Gesellschaft eine erzieherische und vorbeugende Aufgabe. Er fühlt sich verpflichtet, nicht nur blind seinen Mandanten zu verteidigen, sondern ihm auch seine Schuld bewußt zu machen. Damit will er ihn zu der Einsicht bringen, daß die Gesellschaft sein Verhalten mit Recht verurteilt, aber daß sie ihm ebenso die Chance zur Wiedergutmachung gibt. So übernimmt der Anwalt, zusammen mit den Staatsorganen, eine Verantwortung für seinen Mandanten, wenn dieser die Strafe verbüßt hat. Er hilft ihm bei der Wiedereinordnung in die Gesellschaft.

HANS PFEIFFER: *Plädoyers*

Bereits am 11. Mai 1966 dringt Rechtsanwalt Dr. Czaja angesichts des jugendlichen Alters beider Straftäter und ihres weiteren Lebensweges auf bedingte Strafaussetzung. Diese wird vom Gericht abgelehnt. Doch sendet die »Verwaltungsbuchhaltung des Bezirksgerichts« die Kostenrechnung, die nach dem Urteil von den Strafgefangenen Lorenz und Küttner zu zahlen ist:

»4.3.1966

3 Blutalkoholbefunde	90,-
2 psychiatrische Gutachten	363,-

Zeugenauslagen	125,23
Portoauslagen	-,20
	578,43«

Fristgemäß zu allen möglichen Terminen erfolgen weitere Anträge auf Haftentlassung. Diese ziehen jedes Mal eine Beurteilung der Haftinsassen und ihres Verhaltens nach sich.

Am 4. Oktober 1973 gibt der Vollzug Guido Lorenz folgende Einschätzung: »Der Strafgefangene Lorenz befindet sich seit dem 6.11.1965 in der hiesigen Strafvollzugsanstalt. Der Erziehungsprozeß des Genannten war in den ersten Jahren der Strafverbüßung von Widerspenstigkeit und Aufsässigkeit gekennzeichnet. Er stand allen Maßnahmen der staatsbürgerlichen Erziehung und Bildung ablehnend gegenüber. Die Bildungsmaßnahmen mußten wegen seiner Faulheit unterbrochen werden. Erst allmählich begriff der Strafgefangene Lorenz, daß er sich mit den Problemen des sozialistischen Aufbaus beschäftigen muß. Seine gesellschaftspolitische Grundhaltung ist noch ungefestigt. Die sittlich-moralische Verwahrlosung bringt er besonders dadurch zum Ausdruck, daß er seinen Körper mit vielen Tätowierungen versah.

Die Einhaltung der Ordnungs- und Verhaltensregeln bereitete ihm ebenfalls erhebliche Schwierigkeiten. Er brauchte eine sehr lange Eingewöhnungsperiode, ehe er begriffen hatte, welche Forderungen er im Strafvollzug zu erfüllen hatte. Sein Verhalten war von Disziplinverstößen gekennzeichnet. Er lehnte sich gegen die Weisungen der SV-Angehörigen auf und trat ihnen undiszipliniert entgegen. Auch sein Umgangston mit anderen Strafgefangenen war grob und ungebührlich. Durch ausgesprochene Disziplinarmaßnahmen konnte ein Abbau der negativen Erscheinungen erreicht werden. Es kann gegenwärtig eingeschätzt werden, daß er sich bemüht, ein zufriedenstellendes Gesamtverhalten zu zeigen.

Zur gesellschaftlich-nützlichen Arbeit ist er überwiegend im Holzverarbeitungswerk Burg eingesetzt. Dort zeigt er eine ordentliche Einstellung zur Arbeit. Er verrichtet eine qualitätsgerechte Arbeit und geht mit dem Werkzeugt und Material sorgsam um. Seine Arbeitsleistungen sind gut, so daß er dafür auch schon wiederholt ausgezeichnet werden konnte. Die Motive seines Handelns liegen aber in seinem Egoismus begründet. Lorenz geht es nur um einen hohen Eigenverbrauch. Er brachte zum Ausdruck, daß er nichts gutzumachen habe. Die ausgesprochene Freiheitsstrafe ist nach seiner Meinung entschieden zu hoch.

Aus dieser Einstellung zur Straftat ist zu ersehen, daß der Strafzweck noch längst nicht erreicht ist und die erkennbare Verbesserung seiner Disziplin noch lange nicht auf Einsicht und Wiedergutmachungswillen zurückzuführen ist. Der Strafgefangene Lorenz bedarf deshalb der weiteren erzieherischen Einflußnahme durch den Strafvollzug.« Dann, so denkt das Aufsichtspersonal, sei Besserung und Einsicht bei Guido Lorenz zu erwarten. Das Verhalten des Gefangenen gibt dem Beamten recht.

»16.2.1976:

Im Bereich der staatsbürgerlichen Erziehung und Bildung ist L. bemüht, sich mit der gesellschaftlichen Entwicklung vertraut zu machen. Er bringt aber andererseits zum Ausdruck, daß es ihm schwerfallen werde, nach so einer langen Freiheitsstrafe den Kontakt in der Gesellschaft zu finden. Seine Diskussionsbeiträge lassen erkennen, daß ihm, trotz regelmäßigem Lesen der Tagespresse, die praktischen Lebenserfahrungen fehlen.

Zusammenfassend wird eingeschätzt, daß es bei L. erhebliche Schwankungen im Gesamtverhalten gab. Die erwartete Stabilisierung über einen längeren Zeitraum blieb aus. Positiv ist es zu bewerten, daß L. über die gesamte Strafzeit Anstrengungen unternahm, eine ordentliche Einstellung zur Arbeit zu erreichen. Im Bereich der produktiven Arbeit sollten auch nach der Entlassung aus dem Strafvollzug Anknüpfungspunkte vorhanden sein, um ihn an die sozialistische Lebensweise heranzuführen.«

1977 wird Guido Lorenz entlassen, von der Strafe erlassen hat man ihm nichts. Die nachgeordneten Behörden schreiben an den Staatsanwalt zur Wiedereingliederung am 8. März: »Bezug nehmend auf Ihr Schreiben teile ich Ihnen mit, daß der Obengenannte bei seiner Mutter Metha Pasold, Limbach-Oberfrohna II, Wolkenburger Str. 3, wohnungsmäßig untergebracht wird. Um Arbeit hat sich L. bei der GHG Limbach-Oberfrohna und beim Kraftverkehr Karl-Marx-Stadt beworben.« Die ersten Schritte sind getan.

Auch Gisbert Küttners Mutter Inge kämpft. Sie stellt 1970 ein Gnadengesuch, aber da erst ein Drittel der Strafe verbüßt wurde, lehnt man es ab. Später lautet die Beurteilung aus dem Strafvollzug:

»26.11.1974

Der Strafgefangene Küttner befindet sich seit dem 5.11.1965 in der hiesigen Strafvollzugsanstalt. Während dieser Zeit zeigte sich, daß er zwar keine negative Gesamteinstellung zu unserem Staat und dessen Politik hat, jedoch sind seine Äußerungen in dieser Hinsicht stimmungsabhängig. Vieles wird von ihm als selbstverständlich angesehen, ohne tiefer in die Problematik einzudringen. Aktuelle Tagesereignisse, die für ihn persönlich von Bedeutung sein könnten, werden von ihm aufmerksam gelesen. Sein Hauptinteresse liegt bei den Sportberichten, und auf diesem Gebiet ist er auch gut informiert.

Der Strafgefangene Küttner versucht durch ein äußerlich betont ruhiges Auftreten, seine wahren Charaktereigenschaften zu verbergen. In Wirklichkeit machen sich egoistische und egozentrische Charakterzüge bemerkbar, und es fällt ihm schwer, seine eigenen Fehler und Schwächen einzugestehen. Besonders unter den Strafgefangenen kommen diese negativen Charakterzüge zum Ausdruck, wobei er auch leicht aufbrausend werden kann und vor Tätlichkeiten nicht zurückschreckt. Der Strafgefangene Küttner möchte vordergründig seine persönlichen Belange erfüllt haben, ohne dabei das Gemeinanliegen zu berücksichtigen und ohne selbst besondere Leistungen dafür zu erbringen. Mit dem erreichten Entwicklungsstand ist er in der Regel zufrieden und glaubt, alles weitere erreichen zu können. Deshalb zählt der Strafgefangene Küttner im Gesamtverhalten zu den mittelmäßigen Strafgefangenen. Gegenwärtig nimmt er an einem Lehrgang zur Erhöhung seines Bildungsniveaus teil. Seine Leistungen sind mittelmäßig.

Zur Arbeit ist der Genannte im VEB IFA-Getriebewerk Brandenburg als Dreher eingesetzt. Die bisher erbrachten Arbeitsleistungen sind sehr gut. Die Arbeitszeit wird von ihm voll ausgelastet, und er hat sich ausreichende Fähigkeiten und Fertigkeiten sowie Kenntnisse auf diesem Gebiet angeeignet. Der Strafgefangene Küttner ist in der Lage, selbständig Einrichtungsarbeiten an der Maschine durchzuführen. Zur Verbesserung der Arbeit reichte er auch mehrere Neurervorschläge ein. Auf Grund sehr guter Arbeitsleistungen erhielt er mehrere Prämien von seiten der Strafvollzugsanstalt und des Betriebes.

In persönlicher Verbindung steht er mit seinen Eltern, die ständig bemüht sind, ihn positiv erzieherisch zu beeinflussen. Der Strafgefangene Küttner hat jedoch bis heute nur sehr wenig darauf reagiert und sucht die Begründung dafür in den Umständen des Strafvollzugs.

Zusammenfassend wird eingeschätzt, daß er nur in seiner Arbeit seinen Willen zur Wiedergutmachung und Bewährung zeigt. Im Verhalten und in der Ordnung werden von ihm die Forderungen nur mittelmäßig erfüllt. Ein bewußt positives Handeln und Verhalten zeigt er noch nicht. Auch zeigen sich noch charakterliche Schwächen, die er bis jetzt noch nicht überwinden konnte.

Entsprechend des bisher gezeigten Gesamtverhaltens, der Schwere seiner strafbaren Handlung und des noch zu hohen

Strafrestes wird von mir eine Strafaussetzung auf Bewährung gemäß § 349 der StPO nicht befürwortet!«

Am 31. Januar 1977 wird »dem Antrag der Strafvollzugseinrichtung Brandenburg auf Strafaussetzung auf Bewährung durch die Staatsanwaltschaft des Bezirkes Karl-Marx-Stadt zugestimmt. Es wird beantragt, den Entlassungstermin auf den 25.5.1977 zu bestimmen und die Bewährungszeit auf drei Jahre festzulegen.« Dies geschieht.

»Zur Erhöhung der erzieherischen Wirkung der Strafaussetzung auf Bewährung wurde erstens die Bindung an den Arbeitsplatz im VEB Renak-Werke Limbach-Oberfrohna ausgesprochen und zweitens der Verurteilte verpflichtet, jährlich, beginnend mit dem Zeitpunkt der Entlassung, gegenüber dem Arbeitskollektiv über die Erfüllung der mit der Arbeitsplatzbindung festgelegten Aufgaben zu berichten.« Der Beaufsichtigung kann sich Gisbert Küttner nicht entziehen, sie entspricht den gesetzlichen Regelungen in der DDR für Entlassene aus dem Strafvollzug, die unter Bewährung und ihren Auflagen stehen.

»16.5.1978

Bei der Aussprache mit der Kaderleitung stellte sich das große Problem der Wohnraumfrage für Küttner. Nach seiner Entlassung aus dem Strafvollzug heiratete er und lebt mit der Frau und ihrem Kind in Hartmannsdorf. Die Kollektivleitung schätzte diese Ehe als harmonisch ein.

Küttner hat sich sehr gut in die Brigade eingelebt und nimmt aktiv am gesellschaftlichen Leben teil. Seine Funktion als Sportorganisator der Brigade führt er gewissenhaft und mit großem Interesse aus. Küttner leistet auch über seine gesetzliche Arbeitszeit hinaus Sonderschichten.«

Die Bewährungsfrist verläuft ohne Komplikationen. Gisbert Küttner hat in die sozialistische Gesellschaft zurückgefunden.

Danksagung

Dank an Johannes Reckter, Alexander Grunow, Dr. Tobias Crabus, Konstantin Batury und Lars Frischmann

Quellen

Akten des Sächsischen Staatsarchivs Chemnitz; Tageszeitungen wie *Volksstimme*, *Freie Presse*, *Neues Deutschland*; Wochen- und Monatsjournale wie *NBI*, *Für Dich*, *Der Spiegel*, *Die Zeit*, *Das Magazin*; Internet.

Siegfried Birkner (Hrsg.): *Goethes Gretchen. Das Leben und Sterben der Kindsmörderin Susanna Margaretha Brandt.* Frankfurt am Main 1999.

Winfried Branoner: *Die rote Lederjacke.* Berlin 1961.

Werner Bräunig: *Rummelplatz.* Berlin 2007.

Jerry Cotton: *Todesfalle Rummelplatz.* Bergisch Gladbach 1963.

Wolfgang Dürwald: *Mord und Mordmotiv. Ein gerichtsmedizinischer Pitaval aus dem 19. Jahrhundert.* Leipzig 1989.

Günter Ebert: *Männer, die im Keller husten. Ansichten zur Kriminalliteratur.* Berlin 1987.

Siegfried Dietrich: *Die Clique.* Berlin 1961.

Reinhard Hillich, Wolfgang Mittmann (Hrsg.): *Die Kriminalliteratur der DDR 1949–1990.* Berlin 1991.

Rudolf Hirsch: *Junge Leute und ihre Nöte vor Gericht. Gerichtsberichte.* Berlin 1979.

Heinrich von Kleist: *Der Zweikampf. Erzählungen.* Berlin 1983.

Otto Leixner: *Laien-Predigten für das deutsche Haus. Ungehaltene Reden eines Ungehaltenen.* Berlin 1894.

Hasso Mager: *Krimi und crimen. Zur Moral der Unmoral.* Halle (Saale) 1969.

Inge Meyer: *Vernehmung der Zeugen.* Rudolstadt 1983.

Wolfgang Mittmann: *Gladow-Bande. Die Revolverhelden von Berlin.* Berlin 2003.

Käthe Muskewitz, Bruno Stubert: *Zwielicht*. Berlin 1955.
Adolf Eduard Päßler: *Chronik von Oberfrohna*. Limbach 1899.
Hans Pfeiffer: *Die Mumie im Glassarg*. Rudolstadt 1960.
Ders.: *Plädoyers*. Berlin 1970.
Ders.: *Phantasiemorde*. Berlin 1985.
Benno Pludra: *Sheriff Teddy*. Berlin 1967.
Günter Radtke: *Die Tätowierten*. Rudolstadt 1970.
Curt Riess: *Prozesse, die unsere Welt bewegten*. Augsburg 1997.
Wladimir Tendrjakow: *Die Nacht nach der Abschlussfeier*. Berlin 1978.
Ders.: *Die Abrechnung. Berlin* 1980.
O. A.: *Unser Lied, unser Leben. Eine Sammlung alter und neuer Lieder*. Berlin 1947.
Eugène François Vidocq: *Memoiren des Chefs der Pariser Sicherheitspolizei*. Erlangen 2015.
Annegret Wiese: *Mütter, die töten*. München 1996.
Christa Wolf: *Der geteilte Himmel*. Berlin 1977.
Heinrich Zimmer: *Die indische Weltmutter*. Frankfurt am Main 1980.